현직 역사 교사들이 '제대로' 쓴 알차고 재미있는 한국사!

머리 아프게 공부해야 하는 역사가 아닌, 즐기면서 푹 빠져 읽을 수 있는 역사책. 풍부한 사료를 씨줄과 날줄로 삼아 옛사람들의 삶을 생생하게 되살려 낸 점이 돋보인다. 아이들이 진실한 이야기의 속맛을 느끼며, 역사 속으로 빠져들기를 기대한다.

— 김태웅 서울대학교 역사교육과 교수

아이들의 독서 습관을 잘 아는 선생님들이 '제대로 된' 역사책을 펴냈다. 참 쉽다. 그러면서도 왜 역사가 우리의 삶과 성장에 필요한지를 몸소 느끼고 체험할 수 있게 써 놓았다. 《제대로 한국사》와 함께 우리 역사를 마음껏 탐구해 보자. 두둥두둥~ 자, 출발!

— 장용준 함평고등학교 교장

아이들이 읽을 역사책은 무엇보다도 내용이 아이들에게 딱 맞는 제대로 된 것이어야 한다. 학교 현장에서 '살아 있는 역사 교육'을 실천해 온 전국역사교사모임 선생님들이 가꾼 한국사 텃밭이라면 우리 아이들이 '제대로 자랄 수 있는' 놀이터이자 우리 역사를 '제대로 느낄 수 있는' 배움터로 충분할 것이다.

— 전병철 공주생명과학고등학교 교사

역사는 이야기다. 사람들이 있고, 사람들이 한 일이 있고, 그 사이 시간이 흘러간다. 《제대로 한국사》는 지금껏 이 땅에 살았던 사람들의 삶을 끊어지지 않는 이야기로 이어 놓았다. 누구든지 제 삶을 거짓 없이 돌아볼 수 있어야 앞날을 희망으로 그릴 수 있다. 이 책을 읽는 아이들이 만들어 갈 세상이 희망적인 까닭이다.

— 김강수 수동초등학교 교사, 전국초등국어교과모임 회장

왕이나 위인들만의 역사가 아닌 보통 사람들의 이야기도 담겨 있는 역사책. 역사에 등장하는 인물들의 마음과 생각을 이해할 수 있으며, 초등 역사에서 꼭 알아야 하는 인물사, 생활사, 문화사 등 한국사를 '제대로' 담고 있다. 재미있으면서 가볍지 않고, 진지하면서도 무겁지 않다.

— 문재경 부산효림초등학교 교사, 전국초등사회교과모임 공동 대표

우리 역사의 큰 흐름을 재미있는 내러티브로 이어 가고 있는 책이다. 관점은 믿음직하고 이야기는 유려하며 내용은 알차다. 아이들에게 권할 만한 '제대로 된 이야기 한국사' 책이 나와 반갑다. 내 아이에게 꼭 읽히고 싶다.
— **이성호** 서울배명중학교 교사, 역사교육연구소 어린이분과 연구원

아이들은 역사에서 오늘을 사는 우리의 삶을 비판적으로 읽어 낼 수 있어야 한다. 왕과 영웅의 역사 이야기 속에서도 언제나 약자였던 백성의 힘을 통찰할 수 있는 눈을 가져야 한다. 이 책은 교과서가 빠뜨린 '역사를 바르게 보는 눈'을 아이들에게 제공한다.
— **박진환** 논산내동초등학교 교사

'읽는 재미'와 '감동'을 선사하는 《제대로 한국사》는 교과서의 보조 교재로 사용하고 싶을 정도로 역사 고증에 충실하다. 이 책을 읽은 아이들은 역사는 암기가 아니라 그 시대를 살아간 사람들이 만들어 간 이야기이고, 역사를 배우는 의미는 깊이 있는 통찰력을 얻기 위해서라는 사실을 자연스럽게 깨닫게 될 것이다.
— **이어라** 의정부여자고등학교 교사

어릴 때 누구나 한번쯤 가져 봤던 궁금증. 내 아버지의 아버지, 아버지의 아버지는 어떤 사람이었을까? 내 어머니의 어머니, 어머니의 어머니는 어떻게 살았을까? 그 질문에 대한 가장 정성스럽고 현명한 답이 들어 있는 책. 박물관의 유물로만 여겨지던 역사를 살아 숨 쉬는 사람의 이야기로 들려주는 책이다.
— **김선정** 남양주월문초등학교 교사

시간의 흐름을 놓치지 않고 우리 역사의 시작부터 지금에 이르기까지를 다룬 《제대로 한국사》는 '살아 있는 이야기'로 다가온다. 이 책을 만나는 사람 모두가 지나온 길을 돌아보는 용기와 앞길을 내다보는 웃음을 얻을 것이라 믿는다.
— **윤승용** 남한산초등학교 교사

전국역사교사모임
선생님이 쓴
제대로
한국사
8

전국역사교사모임
선생님이 쓴

제대로
한국사

8

조선이 품은 근대 국가의 꿈

전국역사교사모임 지음

초대하는 글

역사책을 읽으며 웃고 우는
너희를 보고 싶다

《제대로 한국사》를 막 펼쳐 든 아이들아! 이 책은 우리나라 역사에 대해 쓴 책이란다. 이 책을 쓴 우리는 모두 학교에서 역사를 가르치는 선생님이면서, 너희 같은 아들딸을 둔 부모이기도 해. 너희는 '역사', '역사책'이라고 하면 어떤 생각이 떠오르니?

민경 아, 또 역사책이에요? 엄마가 들이미는 역사책은 재미없고 지루한데……. 나는 '해리 포터' 시리즈 같은 소설책이 좋아요. 한번 읽기 시작하면 점점 빠져들고, 뒷이야기가 궁금해서 견딜 수가 없거든요. 수많은 사람의 삶에 대한 이야기를 읽고 나면 감동도 밀려와요. 하지만 역사책은 별로 재미도 없고 감동도 주지 않으면서 괜히 폼만 잡아요. "이것도 알아야 한다.", "저것도 중요하다."라며 외워야 할 것만 죽 늘어놓고 있어요.

역사가 재미없다고? 그래 맞아. 너희가 그렇게 생각하는 것도 무리는 아니지. 역사 속 수많은 사람의 사는 이야기 대신 이름만 남고, 무슨 뜻인지도 모르고 외워야 할 제도만 남은 역사책은 재미없는 게 당연하단다. 하지만 역사야말로 수많은 사람이 얽히고설키면서 만들어 간 가장 웅장하고 아름다운 이야기, 가장 극적인 울트라 수퍼 드라마란다.

우리는 옛사람들의 삶과 이야기가 묻어나는 살아 있는 역사를 들려주고 싶었단다. 딱딱한 제도와 이름에 숨결을 불어넣어서 너희와 생생하게 만나게 하고 싶었어. 그래서 우리는 옛사람들이 남긴 책과 유물, 유적, 다양한 흔적 등을 열심히 살펴보았단다. 이러한 것들을 '사료'라고 하지. 옛사람들의 숨결과 생각이 담긴 사료들은 아주 생동감 있고 진실한 이야기로 다시 태어나서 너희에게 그 시대 사람들의 삶을 실감 나게 보여 줄 거야.

형주 나는 역사책을 좋아해요. 역사책을 읽으면 새롭게 배우는 게 많거든요. 최초의 근대적 조약은 강화도 조약이고, 최초의 근대적 병원이 광혜원이라는 것도 알아요. 대단하죠? 그런데 도대체 '근대적'이라는 말이 무슨 뜻이에요?

형주는 아는 것이 정말 많구나! 그런데 역사 공부는 퀴즈 대회를 준비하는 것과는 다르단다. 역사를 좋아하고 역사책을 많이 읽었다고는 하지만, 역사라는 커다란 그림을 보지 못하는 친구들도 많단다. 길을 갈 때 보도블록의 모양을 자세히 들여다보느라고 내가 어디로 가고 있는지 보지 못하는 경우처럼 말이야.

시간의 흐름을 칼로 자를 수 없듯이 역사도 계속 이어진단다. 한 사건은 다른 사건을 낳고, 그 사건은 또 다른 사건으로 이어지고……. 눈에 보이지 않는 작은 변화들이 모여서 어느덧 완전히 다른 모습의 사회가 만들어지기도 했단다. 그 속에서 사람들이 어려움을 이겨 내기도 하고, 길이 기억될 만한 멋진 문화유산을 남기기도 했지. 이렇게 큰 그림을 보듯 역사를 만나면, 어느덧 사회를 읽는 눈과 사람을 보는 눈을 키울 수 있단다.

우형 우리나라 역사는 갑갑해서 싫어요. 피라미드나 베르사유 궁전처럼 크고 화려한 유적도 없고, 땅덩이도 좁고, 맨날 다른 나라한테 얻어터지기나 하고. 우리나라 역사를 읽으면 우울해져요. 우리가 일본보다 먼저 서양 문물을 받아들였다면, 일본의 식민지가 되지도 않았을 테고, 만주 땅도 다 우리 땅이 되었을 텐데 말이죠.

우리가 힘이 세서 다른 나라에 쳐들어갔다면 자랑스러운 역사일까? 자랑스러운 역사, 빛나는 역사는 땅덩어리의 크기나 전쟁의 승리로 정해지는 것이 아니란다. 《제대로 한국사》를 읽다 보면, 우리나라 사람들이 얼마나 열심히 씩씩하게 살아왔는지를 알게 될 거야. 끊임없는 전쟁 속에서도 굳건히 가꾸어 온 희망, 온갖 위기와 역경을 헤쳐 나온 지혜, 좌절을 딛고 일어선 용기를 배울 수 있을 거야. 그러면서 너희는 분명 우리나라 역사를 사랑하게 될 거야.

너희가 만들어 갈 세상은 우리가 살아온 지난날보다 더 나은 모습이기를 바란다. 미래를 만들어 가는 데 과거를 돌아보는 것만큼 도움이 되는 것도 없지. 우리는 《제대로 한국사》가 너희에게 그런 도움을 주었으면 하고 간절히 바란단다.

지금부터 우리 조상들이 살아온 5000년의 이야기, 꿈을 꾼 사람들, 희망을 노래한 사람들, 성공한 사람들과 좌절한 사람들, 실패한 듯 보였지만 역사 속에서 살아난 사람들의 이야기를 들려줄게. 그 속에서 너희가 주인공이 될 멋진 미래를 꿈꾸어 보렴.

2015년 10월
글쓴이들

차례

초대하는 글 • 4

1 조선, 나라의 문을 열다

열두 살 소년, 왕위에 오르다 • 12
나라의 문을 열고 일본과 조약을 맺다 • 30
개화와 척사의 팽팽한 대립 • 40
만약에 개화의 고향, 박규수의 사랑방에 가다 • 54

2 조선, 근대 국가를 꿈꾸다

개화를 둘러싼 뿌리 깊은 갈등 • 58
오너라, 농민의 새 세상 • 70
근대 국가를 향해 • 90
세계 속의 한국인 가난한 사람들의 친절한 의사, 박에스더 • 104

3 황제의 나라 대한 제국

어떤 나라가 될 것인가 • 110
옛 질서 위에 새로운 문물을 세우다 • 124
새로운 교육, 새로운 사람을 만들다 • 138
문화재를 찾아서 정동길을 걷다, 1900년 vs 2015년 • 144

연표 • 148
사진 자료 제공 • 151
찾아보기 • 152

1860년
1863년 고종 즉위
1866년 병인양요
1868년 경복궁 완성

1870년
1871년 신미양요, 척화비 건립
1875년 운요 호 사건
1876년 일본과 강화도 조약 체결

1
조선, 나라의 문을 열다

1880년
1880년 수신사 김홍집, 일본에 파견
1881년 조사 시찰단 일본에 파견, 별기군 양성
1883년 《한성순보》 창간

열두 살 소년, 왕위에 오르다

흥선 대원군의 등장

흥선 대원군 이하응은 영조의 5대손이다. 안동 김씨와 풍양 조씨가 정권을 쥐고 허수아비 임금인 순조, 헌종, 철종을 세울 무렵, 왕족인 이하응은 하루하루 목숨을 이어 가는 것이 중요했다. 언제 어디서 세도가의 손에 죽임을 당할지 알 수 없었기 때문이다. 그래서 이하응은 번듯한 왕족이 되는 것을 포기한 채 장바닥의 건달들과 어울리며 살았다. 글을 읽지 않고 투전판을 쏘다니며

고종과 흥선 대원군
12세의 고종이 왕위에 오르자 흥선 대원군이 정사를 돌보기 시작했다.

건달 행세를 하는 그를 위협적인 존재로 생각하는 사람은 아무도 없었다.

그런 이하응에게도 희망은 있었으니, 바로 총명한 둘째 아들 명복이었다. 초라한 행색으로 집에 돌아오면 아들을 불러 밤늦도록 글을 읽히고 왕족으로서의 몸가짐을 교육했다.

철종이 아들 없이 죽자 조 대비는 다음 왕으로 명복을 지명했다. 그동안 이하응은 조 대비를 극진히 섬기며 믿음을 얻어 왔던 것이다. 아들이 왕이 되자 이하응은 왕의 아버지에게 주는 '대원군'의 칭호를 얻었고, 어린 왕을 대신해 직접 정사를 돌보았다.

흥선 대원군 친필
흥선 대원군 이하응이 쓴 일기와 편지를 모아 엮은 책의 일부이다. 흥선 대원군은 김정희에게 글씨를 배웠고, 그림도 잘 그렸다.

하루하루 시간을 다투는 일들이 태산같이 쌓여 있었다. 세도가들이 나라의 재산을 사사로이 사용해 국가재정은 바닥이 난 지 오래이고, 정치는 조정에서 시골구석까지 엉망이었다. 돈을 주고 벼슬을 산 관리들에게 엄청난 세금을 내느라 백성들은 굶어 죽기 직전이었다.

서양의 함선이 출몰해 민심을 어지럽히는 데다가 설상가상으로 청나라의 수도 북경마저 영국과 프랑스 연합군에게 짓밟혔다는 소식이 전해지자 온 나라가 술렁였다.

대원군은 마음이 급했다. 아들이 직접 정치를 맡기 전에 조선의 영광스러운 옛 모습을 되찾아야만 했다. 왕권이 단단해져서 정치가 안정되고, 양반들은 글을 읽고 백성들을 보살피며, 농민들은 열심히 땅을 일궈 수확의 기쁨을 맛보도록 하고 싶었다. 서양이 조선에 발을 들여놓지 못하게 해 조선의 근본인 유교 정신이 흔들리지 않게 하고 싶었다.

양반도 군포를 내라

대원군은 안동 김씨가 장악하고 있던 비변사의 기능을 약화시키고 왕과 세 정승의 협의 기구인 의정부를 강화시켰다. 이런저런 구실을 붙여 안동 김씨 세력을 벼슬에서 몰아냈고, 그동안 비리가 심했던 사람은 멀리 귀양 보냈다.

대원군은 백성을 강제로 끌어가 일을 시키거나 돈을 내게 해 원성을 사고 있던 서원도 없애기 시작했다. 양반들은 유교의 근본을 무너뜨리는 일이라며 거세게 항의했다. 그러나 대원군은 뜻을 굽히지 않았다. 서원을 없애기 시작한 지 6년 만에 700여 개였던 전국의 서원은 47개만 남았다.

개혁이 어느 정도 성공을 보이자 대원군은 경복궁 중건에 착수했다. 조선의 정궁(正宮, 한 나라의 중심이 되는 궁궐)인 경복궁은 임진왜란 때 불타 버렸고, 고종이 즉위할 때까지도 왕은 창덕궁과 경희궁 등으로 거처를 옮겨 다니며 정사를 돌보았다. 전국의 튼실한 소나무들이 경복궁의 기둥으로 쓰이기 위해 한강 줄기를 타고 한양으로 실려 왔다. 전국의 장정들은 궁궐을 짓는 영광스러운 노동에 온몸을 바쳐 일할 준비가 되어 있었다.

온 나라가 떠들썩하게 공사가 시작되었다.

하지만 경복궁 공사는 빨리 끝나지 않았다. 집을 떠나 궁궐을 지으러 왔던 농민들은 지쳐 갔다. 오래도록 부역을 나가 있느라 농사를 망치는 경우도 있었다.

게다가 대원군이 수리 비용을 마련하기 위해 당백전이라는 돈을 마구 발행하자 조선의 물가가 치솟았다. 양반들에게는 원납전이란 기부금도 강제로 걷었다. 높은 물가에 시달리던 농민들과 강제로 기부금까지 내야

경복궁과 당백전
대원군은 임진왜란 때 불타 버린 경복궁을 다시 짓도록 했다. 한편 동전 하나가 상평통보의 20배 가치인 당백전을 발행하고 양반들에게 강제 기부금인 원납전을 걷어 부족한 재정을 보충했다.

했던 양반들의 원성이 점점 높아졌다. 경복궁은 수많은 사람의 눈물과 한숨을 바탕으로 1868년에 드디어 완성되었다.

대원군의 정책에 대한 양반들의 원성이 높아지고 있었지만, 대원군의 개혁 의지는 꺾이지 않았다. 조선의 농민들을 오랫동안 괴롭혀 온 세금 문제가 남아 있었기 때문이다. 지방 관리가 이런저런 구실을 붙여 부과하는 잡세가 농민들을 점점 힘들게 했다.

특히 군대에 직접 가는 대신 내야 하는 군포의 수가 점점 많아져 농민의 불만이 이만저만이 아니었다. 생활이 너무 힘들어진 농민들이 마을을 떠나 버리면, 남아 있는 이웃들이 떠난 자의 몫까지 감당해야 했다. 엎친 데 덮친 격으로 지방의 관리들은 죽은 사람이나 어린아이들 몫으로도 군포를 부과해 사사로운 이익을 챙기고 있었다.

대원군은 양반도 군포를 내는 호포제를 실시해 농민의 부담을 줄여 주었다. 농민들은 대원군의 개혁에 박수를 보냈고, 양반들은 자신들의 권리가 하나둘 무너지는 것을 보며 불안해 했다.

천주교도의 피로 물든 양화진

대원군은 권력을 잡고 나서 자꾸만 늘어나는 천주교 신자 문제로 골머리를 앓았을뿐더러 서양 세력이 점차 조선으로 손을 뻗는 것이 불안했다. 천주교 신자들이 서양 세력과 손을 잡고 군함이라도 불러들이면 큰일이었다.

청나라의 수도인 북경이 프랑스와 영국의 연합군 손에 함락되자 조선 사람들은 금방이라도 서양 세력이 쳐들어올 것처럼 불안해 했다. 사람들은 만약의 경우를 대비해 천주교 신자들을 찾아가 보호를 부탁하거나 천주교와 관련된 책, 십자가 등을 장만하려고 했다. 천주교 신자가 되면 목숨을 보전할 수 있을 것이란 소문이 퍼져서였다. 천주교 신자들은 더욱 늘어서 전국의 신자 수가 2만 명을 넘을 정도였다.

천주교도들은 점점 자신감을 얻었다. 이제 조선 정부가 공식적으로 자신들의 종교를 인정해 주기만 바랐다. 포교를 위해 조선에 들어온 프랑스 성직자들도 적당한 때를 골라 대원군에게 요청을 해볼 생각이었다.

러시아의 함선이 함경도에 배를 대고 조선 정부에 통상을 요구했을 때, 천주교도들은 기회가 왔다고 생각했다. 천주교도들은 비밀리에 대원군에게 연락을 취했다.

> 마마, 러시아가 점차 남쪽으로 내려오며 조선을 침범하려 하고 있습니다. 러시아의 위세가 점차 강해져서 서양의 강국들도 우려하고 있는 상황입니다. 만약 조선이 영국, 프랑스와 동맹을 맺는다면 러시아는 조선을 넘보지 못할 것입니다. 이 일을 성사시키려면 프랑스 신부의 도움을 받아야 합니다.

편지를 본 대원군은 과연 그렇다고 생각하고, 조선에 들어와 있던 프랑스 신부를 불러들였다. 그러나 프랑스 신부들이 도착하기도 전에 러시아의 함선은 별다른 공격 없이 본국으로 돌아가고 말았다. 뒤늦게 한양에 도착한 프랑스 신부는 대원군의 불호령을 받았다.

"너희 서학쟁이들이 나를 농락했구나. 잔꾀를 부려 프랑스 함선을 조선에 불러들이려 한 것을 내가 모를 줄 아느냐! 러시아를 핑계로 너희 프랑스가 조선을 삼키려 한 것 아니냐! 이제 조선 땅에서 서학쟁이의 씨를 말려 버리겠다!"

대원군은 천주교를 엄히 금할 것을 널리 알리고 프랑스 선교사 9명을 처형했다. 그리고 곧이어 전국의 천주교도를 모두 잡아들여 처형할 것을 명령했다.

"서학쟁이들이 나라를 팔아먹으려고 한다! 적과 내통하고 역모를 꾸미는 자에게 용서란 있을 수 없다. 조선 땅에서 서학과 조금이라도 관계가 있는 자들은 모두 죽여라. 서학을 버리지 않는 자는 모두 끌어내 용두봉에서 목을 잘라 양화진으로 던져라. 서학과 관련 있는 자들을 죽이고 난 뒤 보고문을 올려도 좋다."

한강이 내려다보이는 곳에 '용두봉(龍頭峯)'이라 불리는 작은 봉우리가 있었다. 봉우리 모양이 용의 머리와 비슷하다고 해서 붙여진 이름이었다. 천주교 탄압과 함께 용두봉의 비극은 시작되었다.

용두봉에서는 죽음의 행진이 계속되었다. 천주교를 믿었다고 의심되는 사람이 끝없이 잡혀 왔고, 이들은 재판도 받지 않고 줄줄이 목이 잘렸다. 시신과 잘린 머리는 한강으로 던져졌고, 푸른 한강은 천주교도들의 피로 붉게 물들었다.

약 9개월 동안 시행된 대대적인 처형으로 전국에서 8000여 명이 죽었다. 200여 명이 처형당한 용두봉 아래 한강 물은 붉은 핏기가 쉽게 가시지 않았다. 이때부터 사람들은 용두봉을 '절두산(切頭山, 머리를 자른 산)'이라 불렀다.

절두산에서의 천주교도 처형 장면
병인박해 때 수많은 천주교 신자가 한강 가에서 목 잘린 일을 묘사한 기록화이다. 이때부터 이곳을 '절두산'이라 불렀으며, 지금은 순교 박물관이 세워져 있다.

1 조선, 나라의 문을 열다 · **19**

프랑스가 강화도를 점령하다

"영감, 우리도 한양을 떠야 하는 거 아닌가요? 온통 서양 때문에 난리가 날 거라고 짐을 꾸려서 떠나는데, 우리만 이러고 있어요. 괜찮을까요?"

훈련도감에서 일하는 이용희가 집을 나서려는데 부인이 걱정스레 물었다.

"난리는 무슨 난리가 난단 말이오? 서양 것들이 어디 대포라도 쏴 댄단 말이오? 게다가 조선을 지키는 훈련도감 관리인 내가 그놈들을 피한다면, 나라는 누가 지킨단 말이오? 쓸데없는 말씀 마시고 하인들 단속이나 잘하고 계세요."

이용희는 하인들의 배웅을 받으며 말에 올라 강화도로 달음질쳤다. 아닌 게 아니라 몇 년 전부터 조선의 해안가에 출몰하고 있는 이양선 때문에 크고 작은 소동이 일어나고 있었다.

지난 9월에는 프랑스 배가 한강을 거슬러 올라 양화진까지 들어왔다. 배에는 대포가 가득 실려 있었고, 험상궂게 생긴 군인들은 작은 배에 옮겨 타고는 해안 지형을 측량한다며 함부로 나다녔다. 수도 한양까지 외국 배가 들어왔으니 나라 전체가 긴장한 것은 말할 필요도 없었다. 배는 이레 만에 그냥 물러갔지만, 조선 사람들은 전쟁이 일어날 것이라는 불안감에 떨었다.

양반들은 간단한 가재도구만 챙겨서 지방의 별채나 친족들의 집으로 다 내려가 버려, 한양에는 빈집만 700여 호가 넘었다. 외국 배가 들어오는 것을 막느라 정부가 한강의 통행을 제한하자, 배를 이용해 한양으로 들어오던 지방의 산물들이 막혀 한양의 쌀값, 어물 값, 땔나무 값이 폭등했다. 한동안은 밥상에서 생선 구경하기가 힘들었다. 뒤숭숭해진 민심은 쉽게 안정을 찾지 못했다.

당시 한양과 인천의 방비를 책임졌던 이용희 역시 강화도 인근에 머물며 프랑스의 이후 행동에 촉각을 곤두세우고 있었다. 갑자기 마음이 불안해진 이용희는 말고삐를 더욱 단단히 쥐고 속력을 높여 달려갔다.

서양의 배가 노리는 곳은 주로 강화도였다. 강화도의 바닷길은 곧장 한강과 통하기 때문에 배를 탄 채 수도인 한양으로 들어올 수 있었다. 조선 정부를 압박하는 데 이만한 곳은 없었다.

아니나 다를까, 강화도에 도착해 자리를 비웠던 사흘 동안의 일을 점검하던 이용희 앞에 연락병이 달려왔다.

"장군님! 물치도(오늘날의 영종도) 앞바다에 프랑스 배가 나타났습니다. 함대의 배는 7척이고, 각 배의 병사는 100명 정도로 보인다고 합니다!"

이용희는 벌떡 일어섰다. 정말 전쟁이 일어난 것이다. 그러나 지금 강화도에는 나가서 싸울 변변한 군인조차 없었다. 9월에 처음 프랑스 배가 들어왔을 때, 강화도의 군인과 주민들이 모두 피란을 가 버려 돌아오지 않고 있었다.

이용희가 할 수 있는 일이라고는 고작 한양에 소식을 전하는 것뿐이었다. 프랑스 군인들은 발달된 무기를 앞세워 텅 비어 버린 강화도를 쉽게 손에 넣었다.

"마마, 프랑스의 이양선이 강화도에 상륙했다 하옵니다."

이 소식을 전하는 대신의 목소리가 떨렸다. 보고를 받은 대원군의 눈에 힘이 들어갔다.

"뭐야? 드디어 프랑스가 본색을 드러내고 있군. 천주교를 앞세워 우리 나라를 어지럽히더니, 결국은 이렇게 전쟁을 벌이는구나!"

"배를 이끌고 있는 자는 지난 처형에서 목숨을 건진 신부라 하옵니다. 선교사들을 일방적으로 처형한 것을 사과하고, 통상 조약을 맺자고 전갈을 보내왔습니다."

천주교도 처형에서 용케 목숨을 구한 리델 신부가 프랑스 함대의 길잡이 노릇을 했다. 리델 신부는 중국으로 피신한 뒤 조선에서 벌어진 일들을 프랑스에 전했고, 프랑스는 조선 정부에 항의한다는 구실을 들어 함대를 꾸려 조선을 찾아온 것이다.

대원군의 목소리가 높아졌다.

"뭐라고! 우리더러 사과하라고? 사악한 기운을 퍼뜨려 먼저 조선을 어지럽힌 것은 저들이 아니더냐? 이번에 물러서면 우리 조선은 무너지고 말 것이다. 나라의 위신을 세우는 길은 오직 목숨을 걸고 그들과 싸우는 것뿐이다!"

강화도를 되찾는 전투는 제주 목사였던 양헌수 장군이 책임을 맡았다. 하지만 조선 군대의 구식 무기로는 프랑스의 무기를 당해 낼 수 없었다. 겁에 질린 강화도의 관리와 백성은 모두 피란을 가 버리고 없었다.

양헌수 장군은 고민 끝에 평안도 강계의 포수 500여 명을 불러 모았다. 험한 산중에서 백발백중으로 호랑이를 잡던 포수들의 용맹함과 날쌔기를 따를 자는 없었다. 장군과 포수들은 한밤중에 바다를 건너 프랑스군이 점령한 강화도의 정족산성에 들어갔다.

날이 밝자 낌새를 챈 프랑스군 160명 정도가 정족산성으로 접근해 왔다. 양헌수 장군이 이끄는 포수와 군인들은 숨을 죽인 채 프랑스 군인들이 산성 가까이로 오기를 기다리고 있었다. 프랑스군이 가까이 다가오자 장군의 명령이 떨어졌다.

"공격하라!"

포수들의 총이 불을 뿜었다. 동문과 남문을 부수고 들어오는 프랑스 군사들은 일제히 시작된 포격에 속수무책으로 당했다. 포수들이 쏜 총탄은 정확히 프랑스 군사들을 쓰러뜨렸다.

의외의 맹공격에 당황한 프랑스 군대는 더이상 공격하지 않고 얼마간

정족산성과 양헌수 장군 승전비
병인양요 때 양헌수 장군은 정족산성에서 프랑스군과 격전을 벌여 승리했다.
이 승리를 기념해 1873년(고종 10)에 강화군민들이 건립한 비이다.

대응하다가 철수했다. 이를 1866년에 일어난 '병인양요'라 한다. 프랑스는 이 전투에서 30명가량의 사상자를 내고 물러났고, 조선의 승리 소식은 곧 한양에 전해졌다.

얼마 뒤 프랑스 배는 별 다른 공격 없이 본국으로 돌아갔다. 하지만 그들이 빈손으로 돌아간 것은 아니었다. 프랑스 군대는 작전 실패에 대한 보복으로 강화도의 모든 관아와 문화재에 불을 질렀다. 이때 조선의 귀한 문서가 보관되어 있던 외규장각이 불탔고, 수많은 보물과 문화재, 서적을 약탈당했다.

또다시 짓밟힌 강화도

병인양요가 일어나고 5년 뒤인 1871년, 미국 함선 두 척이 600여 명의 군사를 이끌고 강화도에 와 닿았다. 대포 소리가 전쟁의 시작을 알렸다. 함선에서 날아온 대포가 초지진의 성벽을 부수고 나무를 불태웠다.

잠시 뒤 육지에 닿은 배에서 칼과 총으로 무장한 군인들이 쏟아져 나왔다. 보잘것없는 무기로 안간힘을 쓰던 조선군은 쏟아지는 총탄에 속수무책으로 쓰러졌고, 살아남은 사람들은 미국 군인들이 갯벌을 통과할 동안 모두 철수했다. 다음 날 미국 군대는 조선 군인들이 떠나 텅 빈 덕진진을 쉽게 점령했다.

미국의 다음 목표는 광성보였다. 강화도에서 매우 중요한 거점인 광성보에는 어재연 장군이 이끄는 군대가 있었다. 병인양요 때 군인으로 불러들인 호랑이 사냥꾼들이 군사의 대부분을 차지했고, 어재연 장군은 불과

약탈당한 조선의 보물 창고, 강화도 외규장각

외규장각은 정조 때 세워진 한양의 규장각처럼 조선의 국립 도서관이었다. 왕의 즉위식, 혼례, 왕실의 장례나 여러 의식을 기록한 책인 《의궤》가 보관되어 있었다. 외규장각에 보관된 《의궤》는 특히 왕을 위한 것이어서 품격이 높았다. 그 밖에도 왕실 족보, 왕이 쓴 글씨, 왕의 도장 등 소중히 보관할 물품도 많았다.

병인양요 때 프랑스군은 외규장각에 불을 질렀다. 당시 6000점의 자료가 보관되어 있었는데 수많은 자료가 잿더미로 변했고 프랑스군은 《의궤》를 포함한 도서 345권을 가져갔다.

우리 정부는 외규장각 도서 반환을 위해 프랑스와 협상을 벌였고 1993년에 1권, 2011년에 296권, 총 297권의 《의궤》를 돌려받았다. 하지만 프랑스는 소유권을 넘기지는 않았다.

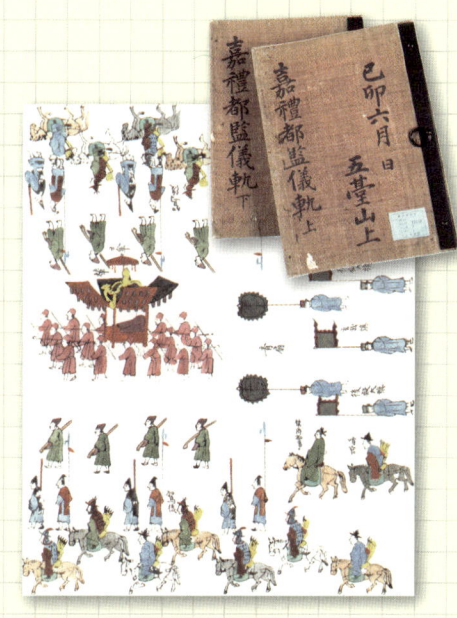

《정순 왕후 가례도감 의궤》
영조의 비 정순 왕후의 혼례식을 기록한 의궤이다. 사람들의 수염과 표정까지 세밀하게 표현되었다.

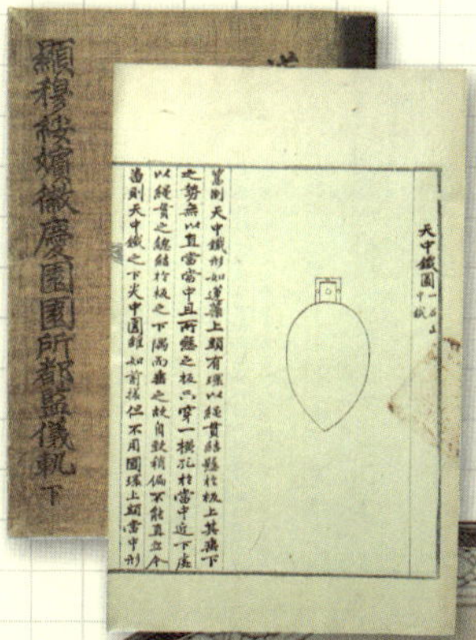

《휘경원 원소 도감 의궤》
순조의 어머니이며 정조의 후궁이었던 수빈 박씨의 장례를 기록한 의궤이다. 1993년, 프랑스가 우리나라에 반환했다.

〈강화부 궁전도〉에 그려진 외규장각

며칠 전 강화도로 부임한 상태였다.

　조선군의 무기는 불을 붙여 발사하는 화승총과 구식 조총이 대부분이었다. 반면 미군은 정확성을 자랑하는 소총과 강철로 만든 총검을 가지고 있었다. 뜨거운 햇살에 조선군이 방탄용으로 입은 아홉 겹 솜옷이 달궈질 무렵, 미군의 총돌격이 시작되었다. 광성보 위에서는 조선군이 쏘는 총탄이 비 오듯이 쏟아졌지만 쓰러지는 미국 군인은 거의 없었다. 오히려 정확히 조준해 발사한 미군의 총탄에 머리를 맞고 바다로 떨어지는 조선군은 수를 셀 수가 없었다.

　뒤쪽의 군인들에게 엄호를 받으며 사다리를 들고 돌격한 미국 군인들은

콜로라도 호
1871년 미국의 조선 원정에 동원된 로저스 제독의 기함이다. 이 당시 조선 앞바다에 자주 나타났던 서양 배들을 '이양선'이라 불렀다.

빠른 속도로 성벽을 기어올랐다. 성벽 위의 조선군은 돌과 흙을 내던지고 검을 휘두르며 안간힘을 썼지만 미군의 총검을 당해 낼 수가 없었다. 조선 군인의 시체가 쌓여 갔다. 어재연 장군도 미군이 휘두른 총검에 쓰러지고 말았다.

접전이 계속된 지 1시간도 지나지 않아 광성보가 함락되었다. 조선인 사망자는 350여 명, 미국인 사망자는 3명, 이루 말할 수 없는 참패였다.

미군 측은 조선에 통상을 요구하는 문서를 보냈지만 조선 정부는 거부했다. 몇 차례 문서로 협상이 벌어졌지만 조선의 완강한 뜻을 알고는 미국 함대가 물러났다.

광성보 용두돈대
신미양요 때 미국의 침입에 맞서 조선군이 끝까지 저항한 곳이다. 광성보를 지키기 위해 조선군은 격렬하게 저항해 끝내 미군의 철수를 이끌어 냈다.

빼앗긴 수자기
1871년 신미양요 당시 광성보 전투 때 미국에게 빼앗긴 어재연 장군의 장수기이다.

서양과 두 차례의 대규모 전쟁을 겪은 흥선 대원군은 서양과의 교류를 더욱 엄격히 막기 위해 전국 방방곡곡에 '척화비'를 세웠다. 척화비에는 "서양이 침범하는데도 싸우지 않는 것은 나라를 팔아먹는 짓이다."라고 새겨 넣었다. 그러나 굳건하게 서 있는 척화비에도 불구하고 대원군의 정책은 오래가지 못했다.

흥선 대원군이 물러나다

흥선 대원군이 어린 아들 대신 정치를 편 지 10년, 이제 고종의 나이도 스물두 살이 되었다.
그 즈음, 유학자 최익현이 상소문을 올렸다.

전하, 전하가 어리신 것을 계기로 대원군께서 정치를 대신하며 옳지 않은 일들을 일삼아 나라의 위기가 높아지고 있습니다. 임금의 가족은 그 지위를 높이 받들 뿐이지 정치에 직접 관여해서는 아니 되옵니다.

안 그래도 왕후 민씨가 계속 친정(임금이 직접 나랏일을 돌보는 것)을 권유하고 있었는데, 아끼는 신하 최익현마저 이런 상소를 올리자 고종의 마음이 흔들렸다. 이미 22세가 된 고종은 드디어 1873년(고종 10) 11월 5일, 친정을 선포했고, 대원군은 하루아침에 모든 권력을 내놓고 자신의 집인 운현궁에 들어앉게 되었다.

친정을 시작한 고종은 하루빨리 나라의 위상을 높이고 싶었다. 왕의 집무실인 정전에는 날마다 밤늦도록 불이 꺼지지 않았다.

고종은 아버지와 생각이 달랐다. 이제는 조선도 서양 여러 나라와 교류를 트고 새로운 무기와 기술을 받아들여 강한 나라로 발전해야 한다고 생각했다. 조선을 온전히 지키는 길은 오직 그뿐이라고 믿었다.

고종의 곁에는 왕후 민씨가 있었다. 왕후의 사촌들은 대원군을 따르던 관리들을 대신해 고종을 보필할 새로운 관리로 등용되었다. 대원군이 추진하던 정책을 모두 뒤집어 개화를 추진해야 했던 고종에게 왕후의 친척들은 든든한 지원군이었다.

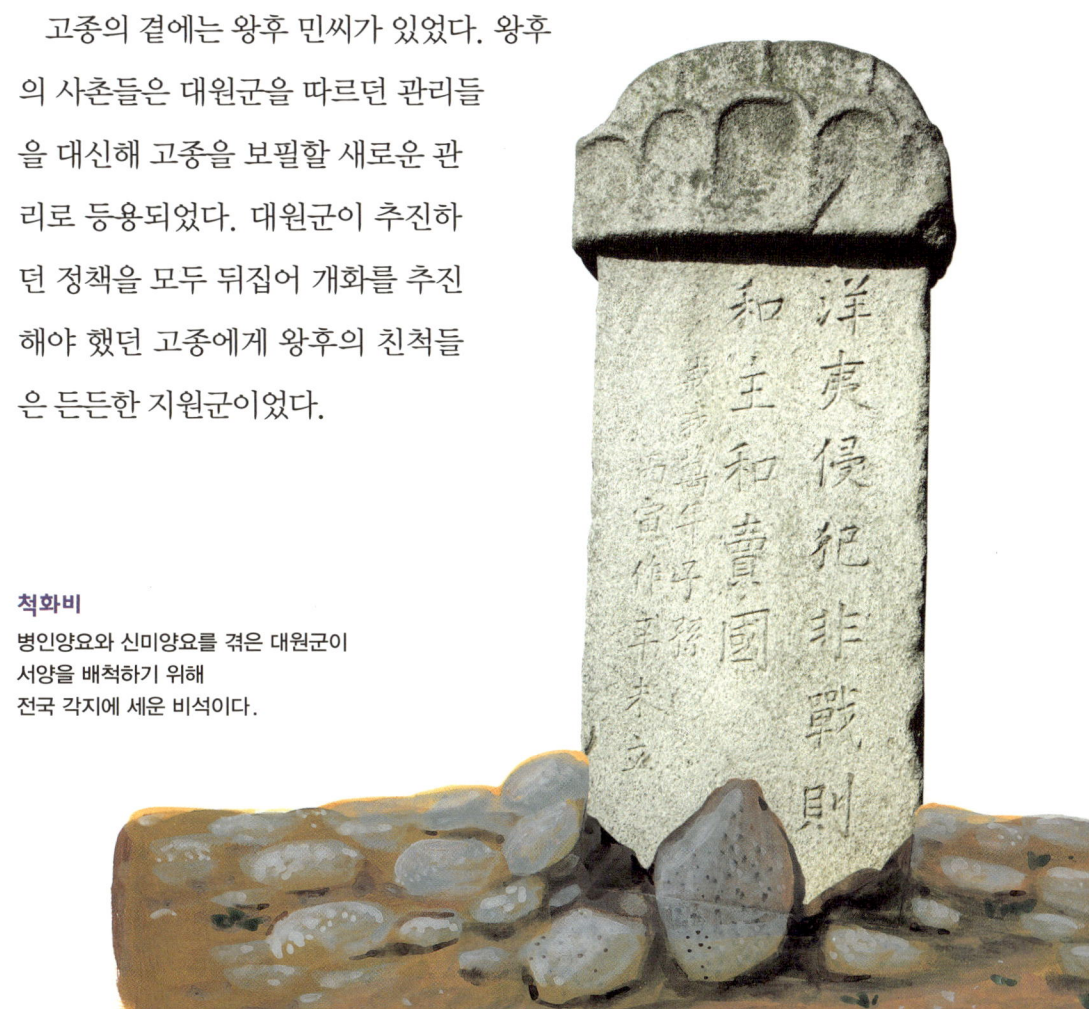

척화비
병인양요와 신미양요를 겪은 대원군이
서양을 배척하기 위해
전국 각지에 세운 비석이다.

나라의 문을 열고 일본과 조약을 맺다

일본에서 온 이양선, 운요 호

강화도 바닷가에 나와 일하던 사람들이 모두 일을 하다 말고 집으로 줄달음치기 시작했다. 아낙들은 아이 이름을 부르며 혼비백산했다.

이번에 나타난 배는 빨간 해가 떠오르는 그림이 그려진 깃발을 달고 있었다. 일본이 얼마 전부터 공식 국기로 사용하는 일장기였다. 일본의 배, 운요 호가 조선을 찾아온 것이다.

운요 호는 강화도 앞 작은 섬에 정박했다. 초지진을 지키고 있던 조선군 진영에 긴장감이 감돌았다.

"저들의 의도가 무엇인지 기다려 보자. 설불리 포를 쏘았다가는 오히려 공격을 당할 수도 있으니까."

조금 뒤, 운요 호에서 작은 배가 내려오더니 일본군 한 무리가 그 배를 타고 초지진으로 접근해 왔다. 명백한 영토 침범이었다.

"발포하라!"

초지진의 포대가 불을 내뿜었다. 그러자 일본군이 탄 작은 배는 기다렸다는 듯 재빨리 운요 호로 돌아갔다.

잠시 후, 운요 호의 거대한 대포가 불을 뿜기 시작했다. 오래전에 만든 조선의 대포에서 발사된 포탄은 운요 호에 닿기도 전에 바다로 떨어져 버렸지만, 운요 호에서 날아온 포탄은 정확히 초지진의 성벽을 부수기 시작했다. 초지진 여기저기에 불이 붙고 군사들이 달아났다.

공격의 기세를 몰아 영종도에 닻을 내린 운요 호에서 수많은 군사가 쏟아져 나왔다. 일본 군인들은 영종도의 관청에 불을 지르고 민가를 습격해 식량과 가축을 약탈했다. 운요 호가 머물렀던 10일 동안 영종도는 쑥대밭으로 변했다.

운요 호 사건
1875년 8월, 일본은 운요 호를 강화도에 침투시켜 영종도를 약탈하고 돌아갔다.
그림은 운요 호 사건 장면을 묘사한 일본 그림이다.

조선과 일본이 맺은 강화도 조약

조선 정부는 배가 물러가고 난 뒤 대책을 마련하기 위해 노력했다. 그러나 조선 정부는 초지진을 엉망으로 만들어 버린 이양선이 어느 나라의 배인지조차 파악할 수가 없었다.

 나중에 일본이 자기 나라 배가 조선 군대에 의해 피해를 입었다며 배상을 요구하고 나서야 일본의 배였음을 알았다.

1876년 1월, 다시 일본의 배가 군인 700여 명을 싣고 조선에 당도했다. 군함 3척을 포함해 총 7척의 배가 부산 앞바다에서 강화도까지 바닷길로 올라왔다. 이미 조선 정부에 '일본과 회담을 하지 않으면 한양까지 쳐들어간다.'고 엄포를 놓아 둔 상태였다.

조선 정부와 일본 대표의 회담이 강화도 연무당에서 열렸다. 연무당으로 향하는 일본인들을 구경하기 위해 많은 조선인이 길가에 서 있었다. 그들은 얼마 전 운요 호가 저질렀던 일을 돌이키며 몸서리를 쳤다.

일본인들은 머리를 짧게 깎고 검은색 양복을 입었으며 중절모를 썼다. 군인들은 원통형의 모자를 쓰고 어깨에는 견장(군인의 직위나 계급을 밝히는 표장)까지 달았으며 칼이 달린 장총을 차고 있었다. 조선인들의 눈에 비친 일본인은 예전의 그들이 아니었다.

구로다 기요타카를 앞세운 일본의 대표들이 연무당으로 들어왔다. 이전에 조선을 대하던 일본의 공손한 모습은 온데간데없고, 군복과 양복 차림으로 신발을 신은 채 들어와 시끄러운 소리를 내며 의자에 앉았다.

저희끼리 일본 말로 뭐라고 하는데, 하나도 알아들을 수가 없었다. 통역관을 사이에 두고 조선 대표 신헌과 일본 대표 구로다의 길고 지루한 말싸움이 이어졌다.

구로다가 신헌을 쏘아보며 말했다.

"우리는 그저 조선과 정식으로 조약을 맺고 자유롭게 통상을 하고 싶을 뿐입니다."

"지난 300년 동안 조선과 일본이 통상을 하지 않은 적이 있었소? 갑자기 이런 것을 요청하다니, 이해할 수가 없소."

신헌이 위엄 있는 목소리로 말했다.

"조약이란 것이 필요합니다. 조약은 세계 각국이 평등한 관계 안에서 맺는 것으로, 일본은 이미 여러 나라와 조약을 맺고 무역을 하고 있지요. 조약이 없으면 통상 관계를 맺는 것이 불가합니다."

"수백 년 동안 왜관을 설치해 교역해 오고 있지 않소? 조선의 물품은 보잘것없어 일본에 큰 도움도 되지 않을 것이오."

"세상이 달라졌는데, 우리 일본이 조선보다 낮은 위치에서 맺었던 이전 관계는 더 이상 소용이 없소. 이제 만국 공법에 따라 평등한 조약을 맺어야 하는 것 아닙니까!"

연무당과 신헌
1876년 2월, 강화도 조약이 체결된 회담장 밖의 모습이다. 신헌은 강화도 조약을 맺을 당시 일본 측의 구로다 기요타카와 회담을 진행한 조선 측 대신이었다. 일본은 조선이 자신들의 요구를 받아들일 때까지 연무당에 대포를 배치하고 조약 체결을 강요했다.

신헌과 구로다의 대화는 합의점을 찾지 못하고 이어졌다. 일본군은 회의가 열릴 때마다 완전 무장을 하고 회담장 근처에 서 있었고, 바다에서는 축포라며 일본 함선의 대포가 불을 뿜었다.

회의가 성과 없이 끝나자, 고종이 달라진 시대에 따라 조약을 맺으라는 전갈을 보내왔다. 이에 신헌과 조선 측 관리들의 태도도 바뀌었다. 조약을 맺는 것에 동의하되, 꼭 필요한 조항을 조약문에 넣기로 한 것이다.

"조약을 맺기 전에 약조를 받아야 할 것이 있소. 통상을 하더라도 아편과 천주교는 절대 허용할 수 없소."

"아편이라니요? 우리 일본은 아예 아편을 취급하지 않습니다. 게다가 일본이 천주교를 믿는다는 말은 나도 들어 본 적이 없습니다."

"그래도 꼭 조약문 안에 넣어야겠소. 천주교는 조선에서 엄히 금하고 있으니 절대로 들어와선 아니 되오."

"어허, 왜 말도 안 되는 것으로 고집을 피우십니까? 우리 일본국과는 전혀 상관없는 것을 조약문에 넣어야 할 이유가 없습니다."

양국 관리 사이의 언쟁이 계속되다가, 결국 일본이 미리 준비해 온 조약문을 수정하는 선에서 합의가 이뤄졌다. 일본의 관리가 미리 작성해 온 조약문을 읽기 시작했다.

"서문은 이렇게 합니다. 대일본국 황제 폐하와 조선 국왕 전하는……."

"이보시오! 그게 무슨 말이오? 일본의 황제, 조선의 국왕이라니? 그게 이치에 맞다고 생각하시오?"

신헌의 호통을 구로다가 가로막았다. 조선인의 자존심을 건드려 봤자 좋을 것이 없었다.

"좋소. 그럼 대등하게 대일본국 정부, 대조선국 정부라고 고칩시다."

조약문 낭독이 계속되었다.

"…… 조선은 통상에서 일본에게 최혜국 대우를 약속한다."

다시 신헌의 항의가 이어졌다.

"최혜국 대우라니? 우리 조선이 다른 나라와 맺는 조약에도 일본이 간섭을 하겠단 말이오?"

"아니, 그런 게 아닙니다. 조선이 다른 나라에게 일본보다 더 좋은 조건을 준다면, 자동으로 우리 일본에게도 그렇게 해야 한다는 조항입니다."

"그 조항은 빼시오. 우리 조선은 앞으로 절대 다른 나라와 조약을 맺을 일은 없으니 말입니다. 외국과 통상하는 일도 없을 것이오."

"그러시오? 그럼, 이번에는 빼고 다음에 다시 논의하기로 합시다."

다른 조항들은 조선의 무조건 동의를 얻어 통과되었다. 이로써 보름 넘게 끌어온 조선과 일본의 협상이 끝나고 강화도 조약이 체결되었다.

며칠 뒤, 일본과 조약을 맺었다는 소식을 듣고 수많은 사람이 경복궁 앞으로 몰려들었다.

"대체 이게 어찌 된 일인가? 왜와 통상을 한다니?"

"그러게나 말일세. 왜를 대일본국이라 했다니, 그 무슨 이치에 맞지 않는 일인가!"

"어허, 선조 대왕께서 무덤에서 벌떡 일어나실 일이군."

강화도 조약(정식 명칭은 조·일 수호 조규)은 조선이 외국과 맺은 최초의 근대적 조약이었다. 중국과 조선, 조선과 일본이 전통적으로 맺고 있던 불평등 관계를 벗어나 동등한 국가 대 국가의 입장으로 맺은 조약이다.

강화도 조약의 주요 내용

1조 조선국은 자주국이며, 일본국과 평등한 권리를 가진다.

5조 경기·충청·전라·경상·함경 5도의 바닷가 중 통상에 편리한 항구 2개소를 앞으로 20개월 내에 개항한다.

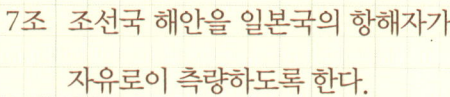

7조 조선국 해안을 일본국의 항해자가 자유로이 측량하도록 한다.

10조 일본국 인민이 조선국 항구에 머무르는 동안 죄를 범한 것이 조선국 인민에 관계되는 사건일 때에는 일본국 법에 의거해 모두 일본 관원이 심판한다.

강화도 조약 체결 장면
1876년 1월, 일본은 7척의 군함을 이끌고 나타나 국교 수립을 요구했다. 그해 2월, 강화도 조약이 체결되었다.

이는 중국, 조선, 일본의 순서로 이어지던 유교적 질서를 천하의 질서로 알던 조선 사람들로서는 도저히 받아들일 수 없는 일이었다. 게다가 두 나라 사이에 맺어진 강화도 조약은 그 내용이 전혀 평등하지 않았다.

모두 12개 조항으로 이뤄진 강화도 조약은 조선 내에서 일본인의 자유로운 활동을 보장하는 것을 주요 내용으로 삼고 있었다. 강화도 조약이 맺어진 이후 조선에 불어닥친 변화는 폭풍처럼 거셌다.

강화도 조약은 '치외 법권'을 명시하고 있었다. 일본인이 조선에서 죄를 저질러도 조선인은 이를 처벌할 수 없다는 내용이었다. 이 조항 덕분에 개항장의 일본인은 조선인을 마음껏 괴롭힐 수 있었다. 사람을 다치게 하거나 물건을 부순 일본인도 일본 관원에게 재판을 받아 모두 혐의가 없다고 풀려나거나 가벼운 처벌을 받고 끝날 뿐이었다. 이런 일이 거듭되자 조선인은 아예 일본인하고는 눈도 맞추지 않으려고 했다.

강화도 조약을 맺으면서 일본은 자유롭게 조선의 해안을 측량하고 관찰할 수 있는 권리도 얻었다. 무역선이 드나들 때 편리하게 하기 위해서라는 구실을 붙였지만, 조선의 지형을 훤히 꿰뚫어 군사적으로 이용하려는 의도였다.

"조선이 자주국이라면서 청나라가 도와주는 것도 막아 버렸으니, 우린 이제 일본의 밥이 되게 생겼어."

일본은 조선이 자주국임을 강화도 조약 제1조에 넣었다. 이는 조선이 청나라와 오랫동안 맺어 왔던 관계를 끊어 버려, 청나라가 조선을 군사적으로 돕는 것을 막으려는 의도였다.

강화도 조약이 맺어진 이후, 개항장은 작은 일본으로 변해 가고 있었다. 근대화에 성공해 힘을 기른 일본이, 아직 힘이 약한 조선을 억압할 수 있도록 만든 것이 강화도 조약이었다. 조약문에는 '평등한 나라'라고 쓰여 있지만, 사실은 힘 있는 나라가 힘없는 나라를 억압할 수 있게 해 준 것이 이른바 근대적 조약이었다.

일본인들의 땅으로 변해 가는 개항장은 조선의 미래를 보여 주는 듯했다. 항구 근처에는 일본식 목조 주택이 하나둘 늘어나고 일본어 간판을 달고 일본인을 상대하는 상점들이 즐비해졌다. 기모노에 게다를 신고 거리를 오가는 사람들이 많아지면서, 초라한 행색으로 그들의 봇짐을 지고 가는 조선인 하녀와 지게꾼도 늘어 갔다.

개화와 척사의 팽팽한 대립

전하, 일본은 서양 오랑캐와 같사옵니다

강화도 조약을 맺기 직전, 유학자 최익현이 상소를 올려 '척사(사악한 것을 물리침)'를 주장하며 조선이 개항해서는 안 될 이유를 조목조목 따졌다.

> 첫째, 이 조약은 일본의 강요에 따른 것이며, 앞으로 그들의 탐욕을 이길 수 없을 것입니다. 둘째, 조약에 따르면 일본과 물자 교역을 하게 될 텐데 일본의 상품은 공업품으로 끝없이 생산될 것이나, 우리의 것은 땅에서 나온 쌀이나 포로 그 끝이 있을 것이니 우리의 물자가 금세 바닥날 것입니다. 셋째, 일본은 사실 서양의 영향을 받았으니 서양의 사악한 기운을 우리에게 몰고 와 조선을 망쳐 놓을 것입니다. 넷째, 일본인이 왕래하면 우리나라의 도가 땅에 떨어져 안정될 수 없을 것입니다. 다섯째, 일본은 물욕만 가득한 짐승과 같으니, 인간인 우리가 짐승과 함께 지낼 수는 없습니다.

최익현과 모덕사
강화도 조약을 맺기 전, 일본과 전쟁을 벌이더라도 개국하지 말 것을 요구했으며, 조약 체결 후에는 척사를 주장하는 상소를 올렸다. 충청남도 청양에 있는 모덕사는 최익현을 기리기 위해 세운 사당이다.

　최익현이 척사를 주장하며 올린 이 상소는 유학자들의 지지를 얻었고, 그 뜻에 동의하는 유생들의 상소가 줄을 이었다.
　강화도 조약을 맺은 뒤에는 영남 지방의 양반 유생들이 자신의 이름을 내걸고 함께 서울로 올라와 상소를 올렸다. 이들은 궁궐 앞에 엎드려 통곡하며 개항이 잘못된 것임을 왕에게 고했다.

청과 일본에 가서 배워 오라

고종은 강화도 조약 체결 이후 개화 정책에 박차를 가했다. 특히 먼저 근대화 정책을 실시하고 있는 청과 일본에 사람을 보내 앞선 문물을 배워 오게 했다.

강화도 조약이 맺어진 1876년, 4월이 되자 김기수를 대표로 하는 수신사가 일본에 파견되었다. 이들은 부산에서 일본의 배에 올랐는데, 배를 처음 마주한 순간 깜짝 놀라서 눈이 휘둥그레졌다. 조선의 배와는 비교도 되지 않을 만큼 커다란 배가 시커먼 연기를 내뿜으며 바다 위를 미끄러져 가는데, 그 속도가 말을 탄 듯 빨랐다.

요코하마에 도착한 수신사 일행은 기차로 갈아탔다. 우레와 같은 기적소리를 내며 내달리는 기차에 앉아 창밖을 바라보니, 산이고 집이고 모두 획획 뒤로 지나가는데, 빠른 속도에 모두가 놀랐다.

"기차를 이용하면 빠른 시간 안에 물건을 옮기고 더 좋은 물건을 내다 팔 수도 있습니다. 일하러 다니는 사람들에게도 매우 편리하지요."

일본 관리가 말했다. 김기수는 놀라움을 감추지 못했다. 수신사 일행은 2개월 동안 일본이 자랑하는 공장과 군사 시설, 병원, 무기 공장 등을 돌아보았다. 공장에서는 수많은 물건이 뚝딱뚝딱 만들어졌고, 서양인 의사들이 근무하는 병원에서는 죽을병도 척척 고쳤다. 서양의 무기 제조법을 배워 무기를 만드는 공장에서는 성능 좋은 대포와 총을 끊임없이 만들고 있었다. 옷도 서양식으로 바뀌어 사람들이 간편하게 입었고, 반듯한 길을 따라 전차가 오가고 있었다.

조선에 돌아온 김기수는 자기가 보고 들은 것을 적어 고종에게 올렸다. 고종과 왕후는 그 글을 읽고 조선의 부강을 위해서 일본을 보고 배워야 한다고 느꼈다. 4년 뒤, 고종은 김홍집을 대표로 한 수신사 일행을 일본에 다시 보냈다.

김홍집도 일본의 발달된 모습에 충격을 받았고, 일본에 머물던 중국인 정치가 황쭌셴을 만나 세계 정세에 관해 여러 정보를 들었다.

고종과 마주 앉은 김홍집은 머리를 조아리고 책 한 권을 내놓았다.

"이게 무엇이오?"

"일본에 파견해 있는 중국인 황쭌셴이 쓴 《조선책략》입니다. 지금의 세계 정세를 잘 알려 주고 있어 조선이 나아가야 할 길을 찾을 수 있을 것이옵니다."

"오, 그렇소? 그 내용이 어떠한지 말해 보시오."

김홍집은 긴장이 역력한 얼굴로 책의 내용을 설명했다.

김홍집과 《조선책략》
1880년 수신사로 일본에 다녀온 뒤 개화를 주장했으며 《조선책략》을 조선에 들여와 소개했다. 훗날 갑오개혁을 주도했으며 〈홍범 14조〉를 발표했다. 사진은 1880년 일본을 방문했을 때의 모습이다.

근대 일본의 모습에 놀란 수신사 일행
수신사 일행은 예전과는 완전히 달라진 일본의 모습에 감탄하며 조선도 일본을 따라 배워야 한다고 고종에게 보고했다.

"세계의 정세를 보면, 러시아가 지금 조선을 노려 아시아를 위협하고 있다 하옵니다. 그러니 조선이 살아남을 길은 일본, 청과 손을 잡고 미국과 연합해 러시아를 막는 것뿐입니다."

고종의 얼굴이 굳어졌다.

"러시아라면 북쪽에 있는 강국이 아니오? 그들이 조선을 노리고 있단 말이오?"

"이 책에 그에 대한 설명이 자세히 나와 있습니다. 부디 읽으시고 현명한 판단을 내려주소서."

"알겠소. 세계 사정에 어두운 우리 조선에 이 책이 아주 큰 도움이 되겠구려."

이후 고종은 《조선책략》을 대량으로 베껴 유학자들에 나눠 주고 널리 읽도록 했다. 고종은 《조선책략》이 '일본에 사는 중국인'의 눈으로 쓰였다는 점을 깊이 생각하지 않았다.

책을 읽은 조선인들은 크게 반발했고, 특히 척사파들은 고종의 개화 정책에 거세게 항의했다. 개화가 나라를 망하게 한다는 상소가 산을 이뤘고, 흰옷을 입고 경복궁 앞에 엎드려 척사를 외치는 유생들이 한양을 들썩이게 했다.

영남 지역의 유학자 1만 명이 이름을 모아 상소를 올렸다.

근대화된 일본의 모습과 조사 시찰단 보고서
조사 시찰단은 일본의 증기선과 증기 기관 기차를 타고 이동했다. 이들은 일본에서 보고 들은 것을 정리한 80여 권의 보고서를 고종에게 제출했다.

> 러시아는 그동안 조선에 한 번도 해를 끼친 적이 없습니다. 그런데 지금 러시아가 쳐들어온다고 하니 어찌 이를 믿을 수 있겠습니까? 기약 없는 일을 들어 서양 짐승의 나라와 조약을 맺는다는 것은 도저히 납득하기 힘든 일입니다. 더구나 미국은 우리에게 기독교를 포교하려 하고 있으니, 이는 절대 용납할 수 없습니다.

1 조선, 나라의 문을 열다 · 47

이들은 죽음을 불사하겠다는 의지로 대궐 문 앞에 엎드려 미국과의 조약 체결 반대를 간절히 외쳤다. 그러나 이미 개화 쪽으로 마음을 굳힌 고종은 상소를 올린 유생의 대표를 처형했고, 이를 본 유생들은 고향으로 되돌아갈 수밖에 없었다.

척사를 주장하는 여론이 불같이 일어날 즈음, 부산항 근처 여관에 5명씩 조를 이룬 젊은 한양 관리들이 모여들기 시작했다. 관리들은 자신의 행동이 행여나 소문이 날까 잔뜩 조심하고 있었다. 배가 떠나는 날이 되자 항구에 모인 사람은 60명 정도가 되었다. 이들은 고종이 비밀리에 일본에 보내는 조사 시찰단이었다.

척사를 주장하는 사람들의 반발을 피해야 했기 때문에 이들은 5명씩 한 조를 이뤄 부산까지 암행어사의 신분으로 내려왔다. 부산항에서 배를 타고 일본에 들어간 조사 시찰단은 4개월 동안 일본에 머물며 여러 가지 문물을 조사했다. 돌아올 때는 다시 암행어사의 신분으로 한양에 들어왔다.

청나라에는 김윤식을 영선사로 파견했다. 청나라의 무기 제조법을 배워 올 유학생 38명도 그를 따라나섰다. 이들은 청나라의 각 부서에 배치되어 화약과 탄약 제조법, 기계 제조법, 외국어를 공부했다.

그러나 서양식 교육에 익숙하지 않았던 학생들은 공부하는 데 애를 먹었고, 조선에서 보내는 유학 비용도 제때 마련되지 못해 약 1년 만에 귀국했다. 조선에 돌아온 이들은 다음 해 설립된 근대식 무기 공장인 기기창에서 일했다.

근대 조선을 꿈꾸는 젊은이들

수신사의 보고를 받고 개화를 본격적으로 추진하기로 마음먹은 고종은 김홍집을 따르는 개화파가 개화 정책을 주도하게 했다. 그들은 청나라의 제도를 본떠 '통리기무아문'이라는 부서를 만들고 개화 정책을 추진했다. 그리고 서양식 무기로 훈련하는 '별기군'도 창설했다.

고종은 서구 열강의 시대에 조선을 지켜 줄 군대를 창설하는 것이 가장 시급하다고 생각했다. 5군영에서 뽑힌 80명의 장정들이 최초의 별기군이 되었다. 별기군은 조선에 들어와 있던 일본인 교관에게서 훈련을 받았고, 충분한 급료와 식사를 제공받았으며, 숙소도 훌륭했다. 일본에서 수입한

별기군
1881년에 창설된 신식 군대이다. 일본을 다녀온 수신사의 건의에 따라 신체가 건장한 군인들을 선발해 신식 무기로 훈련시켰다.

검은색 군복도 넉넉히 지급되었다. 이렇게 대우가 좋으니 양반의 자제가 별기군에 자원해 뽑히는 경우도 있었다.

그러나 별기군이 신식 총을 들고 서양식 군사 훈련을 받는 모습을 구경한 사람들은 혀를 찼다.

"저게 뭣하는 짓거린가 말이여. 일본인 대장에 일본 총을 들고 일본말로 훈련을 받으니……."

"저것이 조선의 군인이야, 아님 일본 군인이야? 죄다 일본식이니 '왜별기' 아닌가?"

허름한 군복을 스스로 꿰매 입고 다니던 구식 군인들은 부러움 반, 두려움 반의 눈으로 별기군을 바라보았다.

수신사로 일본에 다녀와 한성 판윤(오늘날의 서울 시장)이 된 박영효는 신문 발간의 중요성을 고종에게 여러 차례 건의했다.

"전하, 조선을 개화하자면 우선 다른 나라의 앞선 문물과 제도를 소개해야 합니다. 일본뿐 아니라 서양 여러 나라에서는 이미 신문을 만들어 새로운 것들을 알리고 백성들의 생각을 발전시키고 있습니다."

"그렇소? 그러자면 여러 준비가 필요할 텐데……."

"제가 이전에 말씀드렸듯이 일본에서 기자와 인쇄 기술자를 데리고 왔습니다. 인쇄 기계를 들여오고 기자를 뽑아 열흘에 한 번씩 발간하는 신문을 만드는 것이 어떻겠습니까?"

이렇게 해서 만들어진 것이 조선 최초의 신문 《한성순보》이다. 열흘에 한 번씩 발간된 《한성순보》에는 서양 각국의 소식은 물론 신식 물건도 소개되었다. 민주주의나 의회처럼 조선에는 아직 낯선 제도에 대한 설명도

실렸다.

"그래, 왜의 군사력은 어느 정도로 보였소?"

고종이 일본에서 막 돌아온 어윤중과 홍영식에게 물었다. 이들은 비밀리에 파견된 조사 시찰단의 일원이었다.

"전하, 그들의 총은 우리 조선에서는 전혀 본 적이 없는 것으로, 누구든 그 총으로 표적을 쏘면 백발백중이었습니다. 총 앞에는 검이 달려 있어 총알이 부족할 때 적을 제압할 수 있게 했습니다. 왜의 병사들은 모두 그 총으로 훈련을 받고 있었는데, 그 훈련 방법이 매우 치밀했사옵니다."

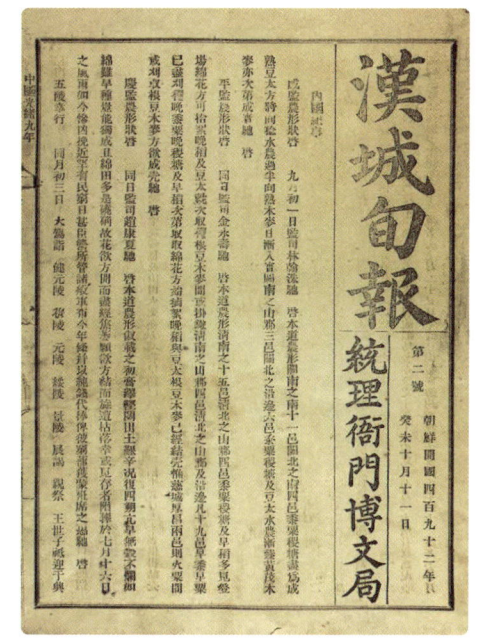

《한성순보》
1883년(고종 20)에 우리나라에서 처음 펴낸 근대 신문. 신문·잡지의 편찬과 인쇄에 관한 일을 맡아보던 박문국에서 순 한문으로 인쇄해 펴냈다.

"그들의 방법 중 우리 군대에도 쓸 만한 것이었소?"

"그들에게 무기 만드는 방법과 훈련 방법만 배워 온다면, 우리 조선의 군대도 막강한 힘을 가질 것이옵니다."

"공장은 어떠했소? 지난번 김홍집이 전한 이야기와 같았소?"

"예, 전하. 커다란 기계가 시끄러운 소리를 내며 돌아가고 있었고, 그 주변에 사람들이 서서 기계를 관리하고 있었사옵니다. 힘도 별로 들이지 않고 기계가 저절로 옷감을 짜 냅니다. 하루 만에 만들어 내는 옷감은 우리 조선에서 한 달 걸려 만드는 양보다도 많았사옵니다."

1 조선, 나라의 문을 열다 · 51

"그렇군요. 여러분은 물러가서 보고 들은 것을 낱낱이 적어 내도록 하시오. 그 기록을 참고해 조선의 모든 것을 바꿀 것이오."

수신사, 조사 시찰단, 영선사로 일본과 청나라에 파견되었던 사람들은 조선을 서양식으로 변화시키는 데 뜻을 같이하던 젊은 관리들이었다. 내로라하는 가문의 자제인 김옥균, 김홍집, 박영효, 홍영식, 서광범이 중심이 된 이들은 이미 '충의계'라는 모임을 만들어 개화사상을 체계적으로 공부하고 있었다.

보빙사 일행
1883년 미국에 파견된 보빙사 일행. 앞줄 왼쪽부터 홍영식, 일행을 이끌었던 민영익, 서광범이다.

이들은 관직에 나아가기 전부터 우의정이었던 박규수의 가르침을 받아 개화사상을 온몸으로 받아들이고 있었다. 박규수는 북촌에 살고 있는 젊고 유능한 이들을 특별히 가까이했으며, 의원 유대치, 역관 오경석과 함께 새로운 문물과 사상을 가르쳤다.

박규수가 세상을 떠난 뒤에도 이들은 함께 모여 공부를 계속했고, 관직에 나아간 뒤에는 힘을 합쳐 개화 정책을 추진했다. 신분을 가리지 않고 영특한 인재를 모아 유학을 보내거나 일본에서 들여온 책과 문물을 널리 보급해 읽고 토론했다. 이들에게는 조선이 하루라도 빨리 서양식 개혁을 실시해 부강한 나라가 되는 것만이 최고의 목표였다.

개화 정책 추진에 힘을 쏟고 있던 고종에게도 이들은 매우 고마운 존재였다. 고종이 직접 나랏일을 다스리기 시작하면서 관직을 독점한 것은 왕후 민씨의 친척들이었다. 이들은 대원군의 그림자가 짙은 조정에서 고종의 목소리를 높여 줄 든든한 지원군이었다.

그러나 권력이 점차 강해지자 민씨들은 왕후를 등에 업고 온갖 비리를 저질렀다. 관직을 사고팔거나 세금을 횡령하고 백성들을 괴롭혀 원성이 커지고 있었다. 고종이 개화 정책을 적극적으로 추진하며 막대한 돈을 투자하자 관직을 이용해 그 돈을 중간에서 가로채는 일도 허다했다.

부패한 민씨들을 대신해 개화 사업을 추진할 관리가 필요했던 고종에게 충의계에 속한 젊은이들은 하늘이 내린 선물이었다.

> 만약에

개화의 고향, 박규수의 사랑방에 가다

북촌의 한 기와집 사랑방에는 밤이 이슥하도록 불이 꺼질 줄을 몰랐다. 우의정에서 물러난 박규수는 단정히 앉은 젊은이들에게 《연암집》의 내용을 설명하고 있었다.

"이 책에 실린 내용은 이미 내 할아버지께서 청에 가셨을 때 보고 들은 것들이네. 배울 점이 참으로 많지만 우리 조선은 옛것만을 고집하고 있지."

"청은 지금 영국과 프랑스에게 거의 점령당했습니다."

이제 막 스물을 바라보는 홍영식이 말했다.

"그렇지. 나라를 바꾸려는 노력을 하지 않았기 때문에 청은 지금 위태롭기가 이를 데 없어. 이를 보고도 조선은 서양에 문을 닫아걸고 있으니 답답하네."

"그렇습니다. 조선도 하루빨리 다른 나라와 수교 통상 관계를 맺어야 합니다. 일본은 이미 미국과 손을 잡고 의회를 만든다고 합니다."

스물세 살 김옥균이 날카로운 눈을 빛내며 말했다. 옆자리에는 열다섯 살의 서광범이

귀를 쫑긋 세우고 있었다. 그때 문이 열리며 역관 오경석과 의원 유대치가 들어왔다. 오경석은 가지고 온 꾸러미에서 책 한 권과 함께 지구본을 꺼내 놓았다.

"대갓집 도련님들이니, 이 정도 지구본은 이미 보았을 것이오. 이렇게 지구는 둥글고 스스로 돌고 있지요. 이런 지구에 '중심'이란 것은 없습니다. 조선이 그토록 오랫동안 세상의 중심으로 섬기던 중국도 그저 하나의 나라일 뿐이지요."

옆에서 가만히 듣던 유대치가 입을 열었다.

"그런데도 조선 양반 유생들은 아직도 중국을 섬기고 다른 나라와는 손을 잡지 말아야 한다고 외치고 있지요. 이대로 가다가는 조선은 각국의 총칼 앞에 쓰러질 것입니다. 젊고 학식 있는 여러분이 이를 그냥 두고 보시겠소?"

철종의 사위인 박영효가 유대치를 바라보았다.

"젊은 여러분의 세상은 지금과 달라야 합니다. 조선을 세계의 중심으로 만들어야 할 사람도 여러분입니다. 부디 하루빨리 뜻을 세워 조선을 구하시오."

3년 뒤 박규수가 세상을 떠났다. 밤마다 그의 사랑방에 모여 조선의 미래를 논의하던 젊은이들은 스승의 죽음을 안타까워했다. 이로부터 7년 뒤, 갑신정변이 일어났다.

1880년
1882년 임오군란
1884년 갑신정변
1885년 영국, 거문도 불법 점령

1890년
1893년 전국에서 민란
1894년 동학 농민 운동, 청·일 전쟁, 갑오개혁

2
조선, 근대 국가를 꿈꾸다

1895년
1895년 을미사변, 단발령 시행
1896년 아관파천

개화를 둘러싼 뿌리 깊은 갈등

임오군란, 군인들이 개화에 반대하다

어느 이른 아침, 군인들의 급료를 나눠 주는 도봉소 앞은 오랜만에 군인들로 북적였다. 배를 곯아 누렇게 뜬 군인들의 얼굴은 싱글벙글이었다. 13개월 동안 밀렸던 급료를 받는 날이기 때문이다. 비록 한 달 치 급료였지만, 오랜만에 자식들과 따뜻한 밥 한 끼 먹을 생각에 마음이 들떴다.

군인들은 1년 전 조선 정부가 신식 군대인 별기군을 설치한 이후 제대로 군인 대우를 받지 못했다. 구식 군인들은 별기군을 생각할 때마다 은근히 부아가 치밀었다. 그런 데다가 선혜청 책임자 민겸호는 이리저리 핑계를 대며 급료를 주지 않았다. 민겸호가 선혜청에 모인 나라의 세금으로 자신의 재산을 불려 가고 있다는 소문도 돌았다.

드디어 도봉소의 문이 열리고 앞줄에 선 군인들에게 쌀자루를 나눠 주기 시작했다. 그러나 기쁨도 잠시, 자루를 풀어 본 사람들의 얼굴은 분노로 붉어졌다.

"아니, 이게 뭐야! 모래와 섞여 있잖아. 절반 이상이 모래라고!"

급료를 받아 들고 나오던 사람들이 발걸음을 멈추고 자루를 풀어 보았다. 쌀겨가 들어 있는 자루도 있었다. 줄지어 섰던 군인들이 웅성거렸다. 화가 난 군인 중 몇 사람이 뛰어나와 도봉소 관리를 때려눕혔다. 포졸들은 이들을 포박해 끌고 갔고, 나머지 군인들은 삼삼오오 모여 분통을 터뜨렸다.

사흘 뒤, 끌려간 군인들이 모두 처형될 것이라는 소식이 들렸다. 군인들은 민겸호의 집을 찾아가 잡힌 군인들을 풀어 달라고 요구했지만 문 앞에서 쫓겨나고 말았다. 이 소식을 들은 동료들이 종로 거리로 몰려나왔다. 군인들은 미처 막아 볼 새도 없이 민겸호의 집으로 쳐들어가 집을 부수고 물건을 내와 땅에 내동댕이쳤다. 혼비백산 달아나려고 했던 하인들도 군인들의 손에 흠씬 두들겨 맞았다.

다시 거리로 몰려나온 군인들 중 누군가가 소리쳤다.

"운현궁으로 가자!"

별기군에 치여 냉대를 받고 있던 군인들은 개화를 반대하던 대원군이 자신들을 돌봐 줄 수 있으리라고 생각한 것이다. 운현궁에 다다른 무리는 문 앞에 엎드려 대원군에게 함께 궁으로 가자고 했다. 그러나 대원군은 자신이 너무 늙고 힘이 없다는 이유로 짐짓 거절했다.

"가자! 민씨 놈들을 죄다 쳐 죽이고, 왜놈들을 몰아내자!"

군인들은 별영으로 가서 무기고를 부수고 무기를 꺼내 무장을 갖췄다. 그러고는 포도청을 습격해 갇혀 있던 동료들을 구해 냈다. 두 패로 나뉜 군인 중 한 무리는 북촌에 모여 있는 민씨 세도가의 집을 향해 몰려갔고,

나머지는 일본 공사관으로 향했다(임오군란). 군인이 난을 일으켰다는 소식을 들은 한양 사람들이 거리로 몰려나와 대열에 합류했다. 그동안 민씨들의 횡포에 지쳐 먹고사는 것이 힘들었던 가난한 사람들이었다.

이 소식을 들은 일본 공사관은 긴급 명령을 내렸다. 조선인들에게 보여서는 안 될 기밀문서를 불태운 일본인들은 곧 어둠을 틈타 공사관에 불을 지르고 인천으로 가 배에 올랐다. 일본인들이 다 빠져나간 뒤에야 공사관에 도착한 군인들은 이를 갈았다.

조선에 들어온 청나라의 군대

군인들이 창덕궁을 향해 몰려가기 시작했다. 희뿌옇게 동이 터 오는 새벽이었다. 이때는 군인들이 전날보다 훨씬 늘어 있었는데, 그동안 쌀 한 톨 구경하지 못했던 하급 군인들과 조정의 비리에 땅을 치던 한양 사람들이 한데 뭉쳤기 때문이다.

창덕궁을 지키던 사람들을 모두 쓰러뜨리고 들어간 군인들은 민겸호와 왕후를 찾기 위해 궁을 샅샅이 뒤졌다. 무수한 민씨 세도가들이 이때 죽임을 당했다. 민겸호도 군인들의 손에 최후를 맞았다.

그러나 정작 왕후는 이미 궁녀의 옷을 입고 피신해 버린 뒤였다. 분노한 군인들은 궁을 때려 부수고 여기저기 불을 놓기 시작했다. 당황한 고종은 재빨리 교지를 내렸다.

"이제부터 모든 일은 흥선 대원군에게 물어 결정하라."

이 소식을 들은 군인들은 세상을 되찾은 듯 환호했다. 대원군이 모든 것을 예전처럼 되돌려 줄 것이라 믿었기 때문이다.

충청도 충주 장호원에 숨어 있던 왕후 민씨는 대원군을 다시 몰아내고 궁궐로 돌아갈 방법을 궁리했다. 위기에 처했던 민씨 세력은 비밀리에 왕후와 연락을 취하고, 청나라에 도움을 청할 것을 결정했다. 일본을 밀어내고 조선을 손아귀에 넣고 싶었던 청에게는 아주 반가운 요청이었다.

며칠 뒤, 드디어 청나라의 군함이 3000여 명의 군사를 싣고 인천항으로 들어와 진을 쳤다. 보름 뒤, 청나라 군대를 철수시키려고 찾아간 대원군을 그 자리에서 감금하고 청으로 압송했다. 대원군이 사라진 자리에는 다시 민씨 세력이 들어와 권력을 잡았다. 왕후도 궁궐로 돌아왔다.

궁으로 돌아온 왕후와 고종은 가장 먼저 난을 일으켰던 군인들을 처형했다. 난에 앞장섰던 하급 군인들이 모조리 끌려나와 그 자리에서 목이 베어졌다. 하급 군인들이 모여 살던 이태원과 왕십리에서는 청나라 군인과 조선인 관리가 짝을 지어 다니며 군인들을 끌어내 죽였다. 가장을 잃은 아낙과 아이들의 통곡 소리가 끊이지 않았다.

궁에는 청의 군대가 주둔하고, 새로 뽑힌 군인들은 청에서 만든 무기로 청나라 교관에게 훈련을 받았다. 정치·경제·외교 등 조선의 모든 정책이 청의 간섭을 받았다. 기고만장한 청나라 군인들은 제 세상을 만난 듯 조선인들을 괴롭히고 다녔다.

이제 조선의 운명은 청나라 관리인 위안스카이의 손에 들어갔다. 왕후의 지지로 조선의 왕실을 장악한 청은 이제 공공연히 조선을 지배하려고 했다. 조약을 새로 맺어 중국 상인들과 배가 자유롭게 인천과 한양에 드나들도록 했고, 조선의 정책에 사사건건 참견했다.

갑신정변이 일어나다

청나라 덕분에 다시 궁궐에 돌아온 왕후 민씨는 일본과 가까이하려는 개화파가 불편했다. 일본에 차관을 얻으러 갔던 김옥균이 실패하고 돌아오자 조선 정부는 개화파 관리들의 벼슬을 빼앗거나 지방 관리로 파견하며 쫓아내기 시작했다.

1884년 11월 어느 날 밤, 김옥균의 집에서는 개화파 인물들의 모임이 침울한 분위기에서 진행되고 있었다. 흔들리는 촛불 아래 한성 판윤 박영효, 병조 참판 홍영식, 일본 육군 학교에서 유학하고 돌아온 서재필, 얼마 전 민영익을 보필하며 유럽과 미국을 순방하고 온 서광범의 얼굴이 보였다. 이들은 그동안 고종이 펼쳤던 개화 정책 덕분에 중요 관직을 얻어 조선의 근대화에 앞장서고 있었다. 하지만 청나라가 조선 정부를 장악한 지금, 이들이 설 자리는 좁아지고 있었다.

"청의 손아귀에서 언제까지 놀아나야 하는지, 답답합니다."

스무 살의 서재필이 분을 참지 못하고 주먹으로 바닥을 치며 말했다.

"왕후를 둘러싼 민씨들이 다시 활개 치기 시작했습니다. 그동안 우리가 열과 성을 다해 기른 군대를 모두 해산시켜 버리다니, 이는 곧 우리 조선의 미래를 포기하겠다는 것 아니겠습니까?"

박영효가 김옥균을 바라보았다.

"맞네. 이대로 가다간 조선의 운명이 어찌 될지 장담할 수 없지. 청은 또다시 조선을 자신의 속국인 양 휘두르려고 할 테니까."

"제가 유럽과 미국을 돌아볼 때 가장 감명 깊었던 점이 무엇인 줄 아십니까? 모든 나라가 평등한 관계를 맺고 있다는 것이었습니다. 어떤 나라도 다른 나라를 힘으로 다스릴 수는 없습니다. 우리가 이대로 물러선다면 청나라가 어떤 짓을 벌일지 모릅니다."

서광범은 주먹으로 가슴을 쳤다.

"우리는 조선을 독립국으로 세우기 위해 수년간 모든 힘을 다했으나 그 성과는 전혀 볼 수가 없었소. 헌데 이젠 청과 민씨들의 손에 죽을 지경에까지 이르게 되었소. 앉아서 죽음을 기다리느니, 먼저 떨쳐 일어나는 것이 어떻겠소? 우리에게는 오직 한길이 있을 뿐이오."

김옥균의 단호한 말에 다른 청년들이 고개를 끄덕였다. 오랜 토론을 거쳐 운명의 날이 정해졌다.

그로부터 한 달 뒤였다. 신식 우체국인 우정국의 낙성식 연회가 열렸다. 각국의 대표들이 초대된 가운데 분위기가 무르익어 갔다.

"불이야!"

바깥에서 다급한 목소리가 들려왔다. 불안한 낌새를 채고 민영익이 달려 나갔다가 문밖에서 기다리고 있던 개화파의 칼을 맞고 피투성이가 되어 다시 들어왔다. 뭔가 일이 터진 것을 안 사람들은 한데 뒤엉켜 서로 빨리 피신하려고 서둘렀다. 우정국 문밖에는 뛰쳐나오는 대신들과 청의 관리들을 처단하려는 개화파 사람들이 칼을 들고 서 있었다. 하지만 아수라장이 되어 버린 상황에서 일이 계획대로 진행되지 않았다.

김옥균과 박영효는 창덕궁으로 달려가 고종과 왕후 앞에 엎드렸다.

갑신정변의 주역과 우정총국
갑신정변 직후 일본에서 망명 생활을 하던 시절의 개화파 주역들. 왼쪽부터 박영효·서광범·서재필·김옥균이다. 우정총국은 1884년 개화파들이 갑신정변을 일으킨 곳으로, 서울 종로구에 있다.

"전하, 지금 청군이 반란을 일으켰사옵니다. 얼른 저희를 따라 거처를 옮기셔야 합니다."

고종과 왕후는 미처 사태를 파악하지 못하고 망설였다. 그때 통명전 쪽에서 폭음이 들렸다. 개화파와 짜고 궁녀 고대수가 터뜨린 폭약이었다.

김옥균은 왕과 왕후를 경우궁으로 옮겼다. 경우궁은 규모가 작아 개화파가 미리 도움을 부탁해 둔 일본군만으로도 지킬 수 있으리라 생각했기 때문이다. 일본군이 도착하자 한숨을 돌린 김옥균이 왕에게 말했다.

"전하, 저희가 조선을 구하고자 결단을 내렸습니다. 부디 저희를 믿으시고 새 정부를 구성할 수 있게 명을 내려 주시옵소서!"

고종은 벌벌 떨며 그 말에 따랐다. 개화파가 정권을 장악한 것이다. 그날 밤, 고종과 왕후를 보기 위해 달려온 관리는 모두 죽임을 당했고, 김옥균을 비롯한 개화파들은 급히 정부를 구성하고 개혁 방침을 정했다.

피에 젖은 3일천하

이튿날 새벽, 새 정부의 명단이 발표되었다. 홍영식, 박영효, 서광범, 김옥균, 서재필 등이 중요한 관직을 맡았다.

갑신정변이 일어나기 전부터 청의 보호를 받고 있던 왕후 민씨는 개화파의 손아귀에서 벗어날 궁리를 했다. 우선은 조금이라도 넓은 곳으로 옮겨 일본군과 개화파의 감시를 피해야 했다. 왕후는 일본 공사 다케조에에게 경우궁이 너무 좁아 불편하니 창덕궁으로 거처를 옮기겠다고 했다. 다케조에는 김옥균의 의견을 묻지도 않고 이를 허락했다. 뒤늦게 사실을 안

김옥균은 당황했다. 김옥균은 다케조에를 책망했지만 이미 엎질러진 물이었다. 비교적 방비가 쉬운 관물헌에 왕과 왕후를 모신 후 세 겹으로 둘러싸고 만약 있을지 모르는 청군의 공격에 대비했다.

3일째 아침, 한양 곳곳에 앞으로 추진할 개혁의 내용을 적은 포고문이 붙었다. 개화파의 오랜 꿈을 담고 있는 글이었다. 청의 간섭에서 벗어나 당당한 독립국이 될 것, 신분제를 없애고 평등권을 보장할 것, 세금을 공평히 걷고 낭비를 줄일 것, 군대를 강화할 것 등을 담은 내용이었다.

조선의 모든 사람이 신분 차별을 넘어 평등하게 대우받는 세상, 왕실이 사용하는 온갖 비용을 줄여 근대화 사업을 벌이고, 국왕도 의회에서 정한 법에 따라 정치를 운영하는 떳떳한 독립국이 개화파의 꿈이었다. 특히 서구 열강에 맞설 튼튼한 재정과 군사를 확보하는 것도 개화파가 이뤄야 할 일이었다.

이제 청군과 맞서 싸울 일만 남아 있었다. 김옥균은 일본군의 전력을 믿으라며 큰소리치던 일본 공사 다케조에에게

기대를 걸었다.

그런데 다케조에가 갑자기 일본군을 철수시키겠다고 통보해 왔다. 일본군이 창덕궁에서 철수하기 시작하자 김옥균과 그의 동지들은 죽음을 예감했다.

김옥균은 다케조에의 도움을 얻어 서광범, 박영효, 서재필과 함께 인천으로 피신한 후, 일본 선박에 숨어 일본으로 망명했다. 미처 피하지 못한 홍영식은 청군의 손에 죽임을 당했다. 개화파의 가족들도 모조리 잡혀 와 옥에 갇히거나 처형당했다.

오랫동안 키워 왔던 개화의 꿈은 이렇게 3일천하로 끝나고 말았다.

조선 백성들은 왕을 잡아 가두고 혼란을 일으켰던 개화파가 진압되자 기뻐했다. 백성들은 개화파가 주장했던 개혁들이 대체 자신들의 삶에 어떤 영향을 미치는지, 그것이 왜 중요한지 전혀 모르고 있었다. 개화파는 백성들을 가까이에서 만나 본 적이 없었다.

제 나라의 백성보다 남의 나라 군대를 더 믿었던 것이 이들의 씻을 수 없는 실수였다.

10년 뒤, 시신으로 돌아온 김옥균

일본으로 망명한 김옥균은 '이와다 슈사쿠'라는 이름으로 살아갔다. 일본 정부에서는 김옥균의 안전을 보장한다고는 했지만, 조선 정부의 역적을 보호한다는 사실이 일본에 별로 이로울 것이 없었다.

처음에는 거처할 집과 생활비를 보조해 주었지만 그마저도 끊기고 말았다. 김옥균은 그의 사상과 재능을 높이 산 후원자들에게 글씨를 써 주며 그들이 간간히 놓고 가는 돈으로 망명자의 생활을 이어 갔다.

청의 개입으로 갑신정변이 실패하고 나서, 조선은 청의 영향을 더욱 강하게 받았다. 청이 주선한 서양 여러 나라와 통상 조약도 맺어 나갔다. 조선은 조약을 맺을 때마다 더 많은 이권을 남의 나라에 넘겨주었다. 이권이 열강의 손에 넘어가자 조선의 자주권은 크게 흔들렸다.

청에게 정치적 지배력을 빼앗긴 일본은, 대신 일본의 수많은 물건을 내다 팔면서 조선 속으로 파고들고 있었다. 조선의 지주들은 일본에서 들여온 진귀한 물건들을 사기 위해 농민에게서 더 많은 지대(땅을 빌린 대가)를 거둬들였다.

농민들이 땀 흘려 가꾼 벼는 베기도 전에 일본으로 팔려 나갔고, 조선에서는 쌀이 부족해 사람들이 굶주림에 시달렸다.

점차 암담해져만 가는 조선의 소식을 전해 듣던 김옥균은 다시 행동에 나서기로 했다. 이번에는 중국으로 건너가 조선에 도움이 될 만한 인사들을 만나고자 했다. 이때 김옥균이 중국으로 건너가는 것을 도와준 이가 홍종우다.

하지만 홍종우는 고종의 특명을 받고 계획적으로 김옥균에게 접근한 것이었다. 상하이의 한 호텔에 짐을 푼 김옥균이 침대에 누워 책을 읽고 있을 때, 홍종우가 들어가 세 발의 총탄을 쏘았다.

그 자리에서 바로 목숨을 잃은 김옥균은 '반역자'라고 쓰인 관에 넣어져 조선으로 돌아왔다.

갑신정변에 실패하고 도망치듯 조선을 떠났던 김옥균은 이렇게 10년 만에 시신이 되어 돌아왔다. 왕을 사로잡고 정변을 일으켰던 대역 죄인 김옥균의 시신은 양화진 모래밭에서 다섯 토막이 났다. 비참한 최후였다.

《김옥균 총살 사건》
1894년 4월 일본에서 간행된 김옥균 살해 사건 관련 소책자. 김옥균 살해 과정과 박영효 살인 미수 사건을 알리기 위해 간행되었다.

김옥균과 뜻을 함께했던 박영효, 서재필 등 개화파도 각기 일본과 미국으로 망명했고, 끼니를 걱정할 만큼 어려운 유학 생활을 이어 나갔다.

조선에서의 개화와 근대화는 이제 물 건너간 듯 보였다. 청은 정치권력을 잡고 조선의 정책을 좌지우지했고, 정치에서 밀려난 일본은 온갖 근대 물품들을 앞세워 조선 경제에 스며들기 시작했다. 조선의 앞날은 두 강국에 의해 흔들렸다.

오너라, 농민의 새 세상

일본인이 활개 치는 세상

강화도 조약으로 인천, 원산, 부산이 일본에 개방되었다. 개항한 부산에는 두모포라는 포구가 있었다. 강화도 조약으로 부산이 개항하자 두모포의 무역 거래는 더욱 활발해졌다.

조선의 주요 수출품은 소가죽·소뼈·해초류였다. 일본에서 수입하는 물품은 일본이 인도를 거쳐 수입한 영국산 면제품과 옥양목이었다. 일본에서 수입한 면은 우리나라 민가에서 베틀로 짠 포와는 달리 기계로 짠 것이었다. 올이 촘촘하고 촉감이 부드러워 옷을 지어 입으면 맵시가 더했고 몸에 닿는 느낌도 훨씬 좋았다. 옥양목은 조선인들에게 단번에 인기를 끌어 수입량이 점차 많아졌다.

어느 날, 두모포에 들어와 장사를 하던 일본 상인들이 동래 부사 한치화를 찾아왔다. 한치화는 일본인 상인들에게 포구를 사용하는 대가로 세금을 매기고 있었다.

"어쩐 일들이시오? 바쁘실 텐데?"

한치화는 여유로운 표정을 지으며 일본 상인들을 바라보았다.

"우리 정부에서 조선에 전갈을 보냈다는 사실을 모르시오? 조선 정부에서 연락을 취했다고 하는데, 왜 아무 조치가 없습니까?"

일본인들은 작정을 하고 온 듯 일본 정부와 조선 정부에게서 받은 문서를 내놓았다.

"아, 동래부에서 두모포 상인들에게 세금을 매기는 것 말입니까? 그것이라면 아무 문제가 없어 바꿀 필요가 없는데요?"

한치화의 말에 일본인들의 낯빛이 붉으락푸르락해졌다.

"아무 문제가 없다니요? 우리가 파는 면직물 값이 올라 판매량이 급격히 떨어지고 있습니다. 일본의 물품에는 세금을 매기지 않기로 한 강화도 조약을 모르지는 않을 텐데요?"

"아, 그 조약이라면 잘 알고 있습니다. 하지만 동래부에서 여러분에게 받는 것은 그런 세금이 아닙니다. 일본인뿐 아니라 조선인에게도 받고 있는 포구 사용료죠. 그러니 우리는 조약을 위반한 적이 없습니다. 그 문제라면 더 할 이야기가 없군요. 돌아가 주십시오."

말문이 막힌 일본 상인들은 고래고래 고함을 치며 나가 버렸다.

며칠 뒤, 부산에 살고 있는 일본인 상인들이 칼을 휘두르며 민가를 약탈하기 시작했다. 이들은 대부분 사무라이 출신이었다. 두모포 여기저기에서 다툼이 일어나 조선인들이 폭행을 당했다. 참다 못 한 조선인들은 기왓장을 던지며 맞붙어 싸웠다.

문제는 그 다음에 일어났다. 부산 앞바다에 대포를 실은 일본 함선이 도착한 것이다. 일본 정부가 자기 나라 상인들을 보호한다는 구실로 보낸 함선이었다. 놀란 조선 정부는 부랴부랴 동래부에 세금을 없애라고 지시했다. 금방이라도 공격할 듯 태세를 갖췄던 일본 함선은 그제야 대포를 거두고 돌아갔다. 조선인을 폭행했던 일본인들은 치외 법권을 적용받아 아무런 처벌도 받지 않았다.

강화도 조약 체결 이후 일본과 조선의 무역 마찰은 늘 이런 식으로 해결되었다. 조선 정부와 주민들은 강대한 일본의 무력 앞에 손쓸 방도가 없었다. 개항장에는 일본인 거리와 거주지가 조성되었고, 일본인들은 치외 법권을 누리며 마음껏 자신들의 이익을 챙겼다.

쌀과 바꿔 입은 옥양목 치마

임오년에 군인들의 난을 겪은 뒤 조선은 청의 도움을 얻어 미국, 영국, 러시아와 통상 조약을 맺었다. 일본과도 1883년에 새롭게 조약을 맺어 교역의 규모가 더욱 커졌다. 이제 부산, 인천, 원산 말고도 서울의 양화진과 용산까지 외국 상인들이 드나들었다. 그래서 물건을 가득 실은 수레 행렬을 이끄는 외국 상인과 성경 책을 옆에 낀 선교사, 은밀히 조선의 여기저기를 살피고 다니는 외국인을 만나는 일은 어렵지 않았다.

누가 뭐래도 일본 상인들이 조선에서 가장 큰 이익을 챙겼다.

"자, 이 옷감 좀 보시오. 은은하게 흐르는 옥빛! 살결에 착착 감기는 촉감! 요즘 최고 인기 옥양목이오!"

당시에는 수입품을 '배를 타고 건너온 물품'이란 뜻으로 '박래품'이라고 불렀다. 박래품을 파는 가게는 옥양목을 사기 위해 모인 사람들로 북적였다. 기계로 짜서 올이 촘촘하고 부드러운 옥양목은 일본이 영국에서 기술을 배워서 만든 뒤 조선에 내다 판 것이었다.

배를 타고 건너온 박래품들은 조선 시장에서 최고 인기였다. 일본 상인들은 새로운 물품을 조선에 내다 팔고, 벌어들인 돈으로 조선의 쌀과 콩을 사 갔다. 공업을 발달시키느라 부족해진 곡물을 조선에서 구한 것이다. 조선의 지주들은 수입품을 사기 위해 농민들에게서 더 많은 쌀을 지대로 걷었고, 그럴수록 조선의 쌀과 콩은 일본으로 더 많이 건너갔다.

쌀값은 점점 치솟았다. 일본이 공업화를 추진하면서 노동자에게 싼값으로 쌀을 팔려고 조선에서 대량으로 사 갔기 때문이다. 세련된 일본 상품들이 불티나게 팔려 나갈수록 농민들의 삶은 더욱 엉망이 되어 갔다.

박래품
서양과 일본의 물품이 수입되자 선풍적인 인기를 끌었다. 그을음이 생기지 않게 호롱불을 켤 수 있으며 부싯돌을 대신할 수 있는 편리한 성냥은 단연 최고의 인기 상품이었다.

농민들이 봉기하다

지방의 관리들은 굶주림에 시달리는 농민의 고통은 아랑곳하지 않고 백성의 세금으로 자기 배를 불리는 데 혈안이 되었다.

전라도 고부 군수 조병갑은 온갖 악행으로 이름이 높았다. 이것저것 농민들의 꼬투리를 잡아 죄를 다스린다며 매를 때리고는 풀려나고 싶으면 재산을 바치게 했다. 또한 황무지를 개간하면 세금을 면제해 준다고 약속하고서는 나중에는 개간한 땅을 자기 것으로 만들고 꼬박꼬박 세금과 지대를 받았다. 농민의 원성이 높아질 무렵 사건이 터졌다. 조병갑은 멀쩡히 있는 저수지 아래에 새로운 저수지 만석보를 세우고 물세를 내야 한다고 강요했다.

그렇지 않아도 조병갑의 악행에 치를 떨고 있던 농민들의 분노가 거세어졌다. 1894년 겨울, 고부·정읍·태인 사람들이 모여 장을 여는 말목 장터에서 전봉준이 나섰다.

"농민분들은 들으시오. 무릇 관리는 백성을 배불리 먹이고 평화롭게 제 할 일을 하도록 도와주어야 하지 않겠소? 돈으로 벼슬을 사서 내려오더니 본전을 찾겠다고 이렇게 우리를 괴롭히는 조병갑을 우리 손으로 심판합시다!"

장터에 모여 있던 고부 농민들이 함성으로 화답했다. 순식간에 모여든 농민들은 한꺼번에 고부 관아로 몰려갔다. 새벽녘에 관아에 도착했지만, 미리 소식을 들은 조병갑은 이미 전주로 줄행랑을 쳤다. 성난 농민들은 아전들을 끌어내어 발로 차고 돌을 던졌다. 감옥을 부수어 죄인들을 풀어

주었으며, 창고를 부수어 쌀을 나누고 무기고를 털어 무장했다.

뒤늦게 이 사실을 안 정부에서는 안핵사 이용태를 보내어 사태를 수습하고자 했으며, 농민들은 정부를 믿고 해산했다. 그러나 이용태는 고부에 오자마자 난을 일으켰던 농민부터 잡아들였다. 다행히 처형을 피한 농민들은 배신감을 느꼈다.

동학 접주 전봉준은 동학의 지역 조직인 포와 접을 이용해 다시 농민들을 끌어모았다. 그러나 모여든 사람은 동학 교도뿐이 아니었다. 가난한 자, 천한 자, 나라에 불만을 가진 자 등 8000명이 넘는 사람들이 사방에서 몰려왔다. 고부 들녘의 야트막한 백산은 온통 농민군의 흰옷으로 뒤덮였다. 그들이 일어서면 산이 흰옷으로 덮이니 '백산(白山)'이요, 그들이 앉으면 대나무 창만 보이니 '죽산(竹山)'이었다.

"여러분! 우리 눈앞에 펼쳐진 저 들판을 보십시오. 꽃피는 봄부터 눈 오는 겨울까지, 우리가 피땀을 흘려 일군 땅입니다. 어찌하여 저 땅에서 나온 곡식은 관리와 지주의 창고로 들어가고, 배에 실려 왜놈의 나라로 가는 것입니까? 우리 자식들은 배를 곯고 죽어 가고 있지 않습니까?"

"와~"

농민들이 함성으로 답했다.

"자, 우리에게 남은 것은 새 세상을 만들고자 하는 의지뿐입니다. 한시의 지체도 없이 썩어 빠진 관리를 처단하고 왜놈들을 몰아냅시다!"

만석보가 있던 자리에 세운 비석
전라북도 정읍에 위치한 만석보는 동학 농민 운동의 시초가 되었으며, 지금은 그 자리에 비석이 세워져 있다.

농민들이 들고 있는 오색의 깃발이 세찬 바람에 펄럭였다. 농민들은 입술을 깨물며 결의를 다졌다. 백산을 나와 고부 관아로 들이친 농민군은 거칠 것이 없었다. 무기고와 창고를 부수고 관리들을 끌어내 짓밟았고, 감옥 문을 부순 뒤 갇힌 농민들을 모두 구해 냈다. 농민군의 위세에 눌린 군수와 안핵사 이용태는 앞으로 농민의 뜻에 따를 것을 맹세하며 목숨을 부지했다.

천지를 뒤흔든 농민의 함성

전봉준이 이끄는 농민군은 여기서 그치지 않았다. 정읍과 태인에서 손화중, 김개남이 이끌고 온 농민들과 함께 세상을 바꿀 큰일을 도모했다.

"우리가 의를 들어 일어나는 것은 백성을 도탄 속에서 구하고 국가를 바르게 세우기 위해서이다. 안으로는 탐학한 관리의 머리를 베고 밖으로는 횡포한 외적을 물리칠 것이다. 우리와 뜻을 같이하는 자는 조금도 주저하지 말고 함께 일어서자!"

전봉준의 외침에 농민군이 화답했다.

"우리가 기른 쌀은 추수도 하기 전에 몽땅 일본으로 건너갑니다. 조선에 와 있는 일본인이 우리에게 주먹질을 해 대도 어디 호소할 곳조차 없습니다. 이 나라를 이대로 둘 것입니까!"

"와~ 왜놈을 몰아내고 나라를 굳건히 하자!"

농민군들은 다시 백산으로 와 진을 치고 관군과의 결전을 기다렸다. 백산은 다시 죽산으로 변했다. 농민군은 백산에서 관군을 기습해 승리를

사발통문
동학군이 봉기하기 전 작성해 결의를 다지는 통문에는 주모자를 알아볼 수 없도록 사발을 엎어 놓고 둥글게 이름을 써 넣었다.

거둔 뒤에 태인과 금구를 거쳐 전주성으로 향했다. 농민군의 위세에 당황한 조정은 관군 800여 명을 전주로 급파했고, 농민군은 다시 고부로 옮겨 와 일전을 준비했다.

1894년 4월 6일, 전주 감영의 군사와 나라에서 돈을 주고 고용한 민병들이 합세해 고부로 들이닥쳤다. 기다리고 있던 동학군들은 이들을 맞아 전투를 벌였다. 관군들은 신식 무기를 앞세워 밀고 들어왔다.

치열한 접전이 계속되더니, 농민들을 이끌던 깃발이 남쪽을 향해 움직였다. 작전상 후퇴였다. 의외로 손쉽게 진압에 성공했다고 착각한 관군들은 농민군의 움직임을 추격해 왔다. 야트막한 고개인 황토현에 다다른 농민군들이 위쪽으로 올라갔다. 관군도 동태를 살피면서 황토현 아래 들판에 자리를 잡고 진을 쳤다. 관군들은 다음 날 아침이면 완전한 승리를 거둘 수 있으리라 확신하고 휴식에 들어갔다.

전봉준
가난한 양반 출신으로 고부의 동학 접주였다.

김개남
1890년 동학에 참가했으며, 태인의 접주였다.

손화중
1880년대 말 동학에 참가했으며, 무장을 중심으로 세력을 키웠다.

날이 어두워졌다. 관군은 농민군을 감시하려고 주변의 소나무를 잘라 여기저기 환하게 불을 피웠다. 날이 추워지자 불을 피운 관군들의 진영에는 시간이 갈수록 자욱한 안개가 내려앉았다. 농민군 진영에서는 안개와 어둠을 틈타 조용한 움직임이 계속되었다.

다음 날 새벽, 정적을 깨고 황토현 아래 관군의 진영을 향해 대포와 총알이 비 오듯 쏟아졌다. 당황한 관군이 우왕좌왕 무기를 챙겼지만, 이미 그들을 둘러싼 농민들이 세 방향에서 일제히 함성을 지르며 공격해 오기 시작했다.

"돈을 받고 온 민병들은 죽이지 마라! 관군들만 처단하라!"

여기저기서 비명이 터져 나왔다. 관군들은 농민군을 피해 남쪽으로 도망쳤지만 살아남을 수는 없었다. 동이 트자 농민군의 완전한 승리가 확인되었다. 농민들은 서로 부둥켜안고 눈물을 흘렸다.

이어 농민군은 무장을 점령한 후, 다시 장성으로 향했다. 황룡강을 사이에 두고 농민군과 관군이 대치하고 있었다. 농민군은 낮은 산봉우리 위쪽에 진을 치고 작전을 세웠다. 관군의 수가 적으니 싸움을 해 볼 만한데, 신식 무기, 그중 특히 쉴 새 없이 날아드는 총탄이 문제였다.

농민군이 머리를 맞대고 고민하다가 개발해 낸 무기가 바로 장태이다. 닭을 기를 때 사용하는 장태에다가 창이나 칼을 꽂고 속에는 솜이불을 채워 넣었다. 농민들이 그 뒤에 숨어 굴리면서 공격하면 솜이불은 방탄조끼가 되고 칼과 창은 관군을 공격해 줄 터였다. 재료는 가까운 마을에서 얼마든지 가져올 수 있었다.

다음 날, 관군의 공격이 시작되었다. 농민군 진영을 향해 언덕을 오르던 관군들이 깜짝 놀라 우왕좌왕하기 시작했다. 위쪽에서 장태가 빠른 속도로 굴러 내려왔기 때문이다. 장태에 꽂힌 칼을 피하기 위해 관군들이 사방으로 흩어졌다. 관군들은 강을 건너 후퇴했고, 이들을 쫓아간 농민군은 또 한 번 완전한 승리를 거두었다.

연이은 승리로 농민군의 사기가 하늘을 찔렀다. 농민군은 정읍과 금구를 거쳐 드디어 전주에 다다랐다. 그러나 관군이 지키고 있을 것이라는

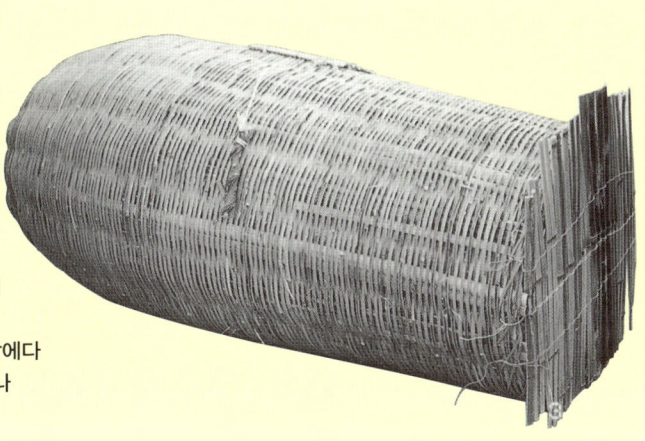

장태
대나무를 쪼개 엮어 만든 농기구이다. 한쪽이 터져 있어 물건을 담거나 닭을 기르는 데 썼다. 동학 농민 운동 때 이 안에다 솜이불을 넣고 안쪽에서 창이나 칼을 찔러 넣어 무기로 썼다.

예상과 달리 군대는 이미 도망쳤으며 백성들이 성문을 활짝 열고 농민군을 기다리고 있었다.

정부군의 힘으로는 농민군을 막아 낼 수 없다고 판단한 고종은 태도를 바꿔 농민군과 화해하려고 했다. 그러면서도 청나라에 지원군을 요청했다. 청은 기다렸다는 듯이 5월 4일, 아산만에 2000여 명의 군사를 파견했다. 그러자 일본도 9000여 명의 군사를 조선에 파견했다. 임오군란 이후 청과 일본은 비밀 조약을 맺어, 두 나라 가운데 어느 한 나라가 조선에 군대를 파견하면 다른 한 나라도 동시에 조선에 출병하기로 약속했던 것이다.

청나라와 일본이 이런 비밀 조약을 맺었다는 사실을 몰랐던 조선 정부는 매우 당황했다. 조선 땅에서 청과 일본의 전쟁이 벌어질지도 모른다는 불안감이 온 나라를 뒤덮었다. 농민군도 이 사실을 크게 걱정했다. 외세를 몰아내려 한 농민들의 싸움이 오히려 외세를 불러온 셈이 되어 버렸다. 농민군 지도자들은 몇 날 며칠 동안 긴 회의를 했다. 그러고는 우선 정부와 타협하고 싸움을 끝내기로 했다.

땅은 농민에게 돌려주고 신분제는 폐지하라

정부와 평화 조약을 맺은 농민군은 개혁을 요구했다. 정부도 농민들의 요구를 받아들여 여러 고을에 '집강소'를 설치했다. 집강소는 농민들이 중심이 되어 스스로 개혁을 추진한 곳이다. 이곳에서 농민들이 결정한 일은 정부에서 받아들여 실제 정책으로 실현하도록 했다.

폐정 개혁안 12개 조의 내용

1조 동학교도는 정부와의 원한을 씻고 협력한다.
2조 탐관오리는 그 진상을 조사해 처벌한다.
3조 횡포한 부호를 엄히 처벌한다.
4조 불량한 유림과 양반의 무리를 징벌한다.
5조 노비 문서를 소각한다.

6조 일곱 가지의 천인 차별을 없애고, 백정이 쓰는 평량갓을 없앤다.
7조 어린 과부가 다시 시집가는 것을 허용한다.
8조 확실하지 않은 잡세는 일체 폐지한다.
9조 관리 채용에는 집안을 보지 않고 능력을 보아 등용한다.

10조 왜와 통하는 자는 엄하게 처벌한다.
11조 모든 빚은 무효로 한다.
12조 토지는 똑같이 나눠 경작한다.

"지주 최 모는 들어라. 이야기를 듣자 하니 너의 횡포가 너무 심하구나. 농사를 지은 사람은 너의 소작인인데, 땅에서 나온 것은 모두 네가 갖고 소작인은 하루 건너 굶기를 밥 먹듯 해야 한단 말이냐. 그동안의 밀린 지대는 모두 없던 것으로 하고, 새로 지대를 걷는 방법은 집강소에서 정할 것이니, 그리 알도록 해라."

집강소 총관령 손화중의 서릿발 같은 판결이 떨어졌다. 잔뜩 풀이 죽어 있던 소작인의 얼굴에 화색이 돌았고, 지주는 황당한 눈빛으로 손화중을 쳐다보았다. 집강소에 둘러서서 판결을 지켜보던 농민들은 만세를 불렀다.

"지금 이 시간부터 여태까지 밀린 지대는 모두 없앤다. 그리고 지주가 가진 땅들은 모두 거둬 농민들에게 나눠 줄 것이다."

농민 대표들은 집강소에 모여 날마다 회의를 열었다. 이들은 서로 귀천과 상하를 따지지 않았고, 모두 협의를 통해 일을 결정했다.

농민들의 개혁 요구는 끝이 없었다. 인재는 신분에 관계없이 관리가 되도록 했고, 양반이 독점하던 과거제는 아예 폐지했다. 어린 나이에 과부가 된 여자들도 다시 혼인을 할 수 있게 했다. 정부는 개혁 기관인 교정청을 만들어 농민의 뜻을 받아들이고 조선을 개혁하기 시작했다.

그러나 청천벽력 같은 일이 일어나고야 말았다. 일본군이 총칼을 앞세워 경복궁을 점령한 것이다. 조선을 장악하고 싶었던 일본은 어떻게든 자주적인 개혁을 추진하고 있던 교정청을 없애야만 했다. 조선 안에서 청과 대립하고 있던 일본으로서는 가장 손쉽고도 유일한 방법인 무력을 사용할 수밖에 없었다.

"펑!"

동이 트기도 전, 경복궁 영추문 쪽에서 폭약 터지는 소리가 요란하게 났다. 일본군이 경복궁으로 들어가기 위해 궐문을 부수는 소리였다. 궐문이 부서지지 않자 이번에는 장대를 벽에 걸고 10여 명의 군인이 담장 안으로 들어갔다. 곧이어 칼과 도끼로 문을 부쉈고, 문을 지키던 조선 군인들은 그 자리에서 죽임을 당했다.

일본 군인들은 곧장 고종과 왕후가 있는 방으로 내달렸다. 지키고 있던 조선 병사들은 일본군이 휘두르는 칼과 함부로 쏘아 대는 총에 겁을 먹고 물러나 버렸다. 군홧발로 방에 들어간 일본군 대장은 칼을 든 채로 말했다.

"폐하, 폐하를 지켜 드리러 왔습니다."

난데없는 소란에 놀라 고종과 왕후의 낯빛은 하얗게 질렸다.

"폐하, 이제 저희 군대가 이렇게 지켜 드리니 조선군은 무장을 해제하라고 명령하시옵소서."

고종은 그 말에 따랐다. 경복궁을 점령한 일본군은 궁을 몇 겹으로 둘러쌌다. 조선군 병사들은 무기를 버리고 일본군에게 등 떠밀려 궁 밖으로 나왔다. 이제 고종은 일본의 손아귀에 들고 만 것이다.

왕실을 장악한 일본은 김홍집을 중심으로 하는 새 정부를 구성했다. 김홍집은 자주적인 개혁을 추진하던 교정청을 없애고 관리들을 새로 뽑아 중요한 직위를 주었다.

그리고 일본은 곧장 청나라를 상대로 전쟁을 시작했다. 일본의 속셈은 조선을 자기 손아귀에 넣는 것이었다. 그러려면 오랫동안 조선이 큰 나라

대접을 해 왔고, 조선에 큰 목소리를 내 온 청나라를 꺾어 놓아야 했다. 이미 10년 전부터 일본은 청나라와 전쟁을 하려고 준비를 해 온 터였다.

　일본은 풍도 앞바다에서 선전 포고도 없이 청나라 함대를 공격했다. 결과는 일본의 압도적인 승리였다. 여세를 몰아 일본은 아산에 상륙한 청군을 다시 격파하고, 평양에서는 또다시 대승을 거두어 1만 4000명이 넘는 청군을 살상했다.

　평양 전투 이후 일본은 본격적으로 조선 사람과 조선의 물자를 강제로 거둬 마음대로 사용했다. 조선인들은 전쟁으로 불탄 동네와 집을 두고 울어 볼 틈도 없이 일본군에 끌려가 강제 노동에 시달렸다. 일본군이 주둔한 동네마다 가축을 끌어다 식량으로 내놓아야 했고, 나락이 익어 가던 들판은 총탄에 망가지고 군홧발에 짓밟혔다.

〈평양대격전도〉
청과 일본의 전투 장면을 그린 그림이다. 1894년 8월, 일본군은 평양성 전투에서 청군을 크게 이기면서 사실상 청·일 전쟁에서 승리했다.

일본은 본격적으로 농민군 토벌에도 나섰다. 조선 왕실을 장악하고 청까지 제압한 일본에게 남은 유일한 장애물은 농민들이었다. 농민군 지도부는 위기감을 느꼈다. 청과 일본의 싸움에 잿더미가 되는 내 나라를 그대로 두고 볼 수는 없었다. 농민들의 열망을 담은 개혁에 일본이 간섭하고 찬물을 끼얹는 것을 더 이상 보고 있을 수도 없었다.

전봉준, 손화중, 김개남이 이끄는 농민군들은 다시 한 번 봉기하기로 결정했다. 서울로 쳐들어가 일본을 몰아내고 부패한 관리들을 처단한 후, 조선을 농민이 중심이 되는 나라로 개혁하는 것이 농민들의 목표였다.

전국에서 모여든 농민군은 4만 명이 넘었다. 전봉준이 이끄는 부대는 서울로 가는 길목인 공주를 점령하기 위해 공주 우금치로 내달렸다. 김개남은 청주를, 손화중은 나주를 공격했다. 공주에 들어온 농민군은 2만 명을 웃돌았다. 일본군과 관군은 최신식 무기를 지니고 정예 훈련을 받은 1만 명 정도였다. 얼마 뒤 일본에서 보낸 지원군과 조선 정부에서 보낸 군인들이 합류했다.

싸움은 쉽지 않았다. 구식 화승총과 대포, 죽창으로는 생전 듣도 보도 못한 신식 무기로 무장한 일본군을 당해 내기 어려웠다. 곳곳에서 농민군의 패배 소식이 들렸다.

관군에 둘러싸여 우금치에 진을 친 전봉준은 목소리를 높여 호소했다.

"왜놈들을 몰아내야 우리 조선을 살릴 수 있습니다. 나라의 운명이 바람 앞의 촛불과 같은 지금, 우리 농민들이 왜놈들을 없애고 조선을 지켜 내야 합니다!"

"와~"

농민들의 함성이 죽창과 함께 하늘을 찔렀다. 농민군은 함성을 지르며 다 함께 몰려 나갔다. 그러나 쏟아지는 총탄을 막기에 죽창은 너무 약했다. 총탄에 맞은 농민들이 여기저기서 흑흑 넘어지고 고꾸라졌다. 살아남은 농민들은 쓰러진 동지들의 시신을 밟으며 관군을 향해 돌진했다. 그러나 대부분의 농민들은 관군 앞에 다다르기도 전에 죽어 갔다.

일주일간의 공방전이 끝나자, 처음에 2만 명이었던 농민군이 500명 정도밖에 남지 않았다. 남은 농민들은 입술을 깨물며 후퇴하기 시작했다. 전봉준은 순창으로 피신했으나 체포되어 서울로 끌려왔고, 다른 농민군 지도자들도 잡히거나 죽임을 당했다.

일본군은 전국을 돌며 동학 접주와 교도, 농민들을 닥치는 대로 죽였다. 마지막 희망이던 농민군의 투쟁이 일본의 손에 진압되자, 조선을 지켜 줄 이는 아무도 없었다. 일본은 이제 조선을 완전히 장악했고, 농민들이 바라던 세상은 다시 멀어지고 말았다.

공주 우금치 사적
1894년, 동학 농민군이 관군과 일본군의 연합군을 상대로 최후의 격전을 벌인 장소이다. 공주에서 부여로 넘어가는 견준산 기슭의 고개로, 동학 농민군의 넋을 달래기 위해 이곳에 동학 혁명 위령탑이 세워졌다.

전봉준은 다음 해 4월에 처형당했고, 사람들은 유난히 키가 작아 녹두 장군이라 불렸던 전봉준을 기억하며 나지막이 노래를 불렀다.

> 새야 새야 파랑새야, 녹두밭에 앉지 마라.
> 녹두 꽃이 떨어지면, 청포 장수 울고 간다.

조선의 자주와 만인의 평등을 위해 목숨을 걸었던 농민들의 꿈은 다시 한 번 꺾이고 말았다. 하지만 평등한 세상을 살아가려는 꿈은 사람들의 마음속에 더 깊게, 더 사무치게 뿌리내렸다. 새 세상을 향한 희망은 그 속에서 더욱 힘차게 꿈틀거렸다.

검거된 전봉준
전봉준은 우금치 전투에서 패한 후 순창의 민가에 숨어 있다가 부하의 밀고로 검거되었다.
검거 과정에서 다리가 부러져 들것에 실려 나오고 있다.

근대 국가를 향해

신분제를 폐지하다

청나라를 조선 땅에서 몰아내기 위해 일본이 일으킨 청·일 전쟁은 일본의 승리로 끝이 났다. 일본은 조선 정부가 추진하고 있던 개혁을 제 입맛에 맞춰 바꿔 가려고 했다. 그래도 조선 정부 관리들의 의지를 완전히 꺾지는 못해서, 케케묵은 옛 제도들을 없애고 근대 국가에 걸맞은 제도를 만들어 냈다.

1차 개혁은 김홍집이 이끄는 군국기무처에서 주도했다. 일본은 이때부터 개혁의 방향을 일본식으로 돌리려고 했지만, 조선 관리들은 이를 거부하고 자주적인 개혁을 실시했다.

군국기무처에 둘러앉은 대신들은 시급한 개혁 과제를 해결해야 한다는 책임감에 어깨가 무거웠다. 자꾸만 압력을 주는 일본 관리들도 부담이었다.

김홍집이 입을 열었다.

"전쟁이 끝난 후 일본의 분위기가 심상치 않습니다. 얼마 전 일본 공사가 우리 정부에 제출한 개혁안은 조선의 전통을 위협하는 것이었습니다. 스스로 개혁을 서두르지 않으면 500년을 이어 온 전통은 물론 조선의 자주성까지 영향을 받을 겁니다."

이 말을 듣던 김윤식이 의견을 말했다.

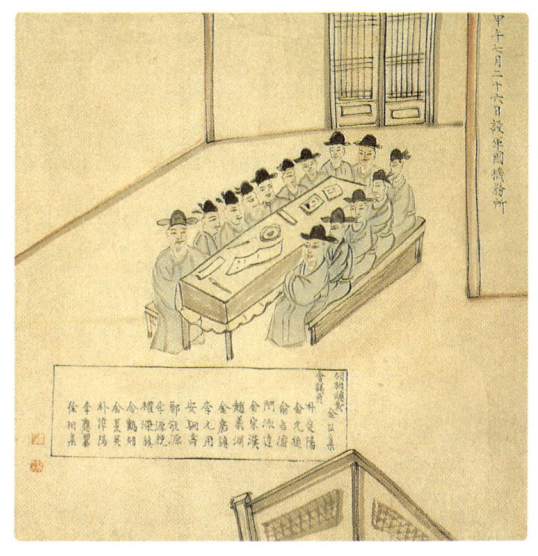

군국기무처
일본은 김홍집을 총재로 한 군국기무처를 통해 정책을 결정하고 집행하도록 했다. 개혁 안건을 토론하는 군국기무처의 회의 모습이다.

"맞습니다. 이제 세상이 달라져 조선의 제도는 모두 낡은 것이 되었습니다. 이는 나라의 발전을 가로막을 것이며, 결국은 주변의 강대한 나라들에게 짓밟히게 될 것이 뻔합니다. 우리 17명의 어깨에 조선의 미래가 놓여 있습니다. 그럼, 어떤 부분을 어떻게 개혁해야 할 것인지 의견을 말씀해 주세요."

둘러앉은 대신들은 저마다 준비해 온 자료를 뒤적이며 의견을 말하기 시작했다.

"지금 조선의 왕은 너무나 많은 권력을 갖고 있습니다. 관리를 임명하거나 군사를 통치하는 것, 심지어 나라의 세금을 운영하는 것도 모두 왕이 결정합니다. 이래서야 백성들의 생활에 도움이 되기는 어렵지요. 다시 의정부를 중심으로 관리들의 합의를 거쳐 모든 사안을 결정하도록 해야 할 것입니다."

"신분제를 폐지해야 합니다. 나라를 뒤흔든 농민들의 봉기도 결국 신분 차별 때문이 아니었습니까? 조선 밖의 발전된 나라들은 모두 신분제를 없애고 사람을 사고파는 일도 금지하고 있습니다."

"시급한 개혁 과제를 과감히 추진하자면 우선 재정이 확보되어야 합니다. 왕실의 재정도 정부가 맡고 철저히 감독해 쓸데없는 곳으로 빠져나가는 세금을 막아야 합니다. 그럼 결국 농민들에게 과도하게 책정된 세금도 줄일 수 있을 겁니다."

이처럼 1차 갑오개혁은 조선이 갖고 있던 신분, 세금 문제를 정면으로 돌파하고자 했다. 농민들은 정부의 개혁이 곧 새 세상을 가져다줄 듯이 반겼고, 양반들은 나라의 질서가 무너진다며 통곡했다.

박영효가 주도한 2차 개혁은 농민들의 삶에 더욱 큰 영향을 미친 지방관에 대한 것이었다. 조선에서는 오랫동안 지방관이 고을을 다스리면서 죄인들을 심판하고 벌줄 수 있었다. 그렇다 보니 양반 지주 편에 서서 농민들을 처벌하는 경우가 많아 문제가 심각했다. 이를 막기 위해 지방관에게서 재판권을 빼앗았다. 동학 농민군들의 요구가 일부 반영된 것이다. 이렇듯 갑오개혁은 자주적 근대화를 이루려는 노력이 반영되어 있다.

그러나 박영효가 반역을 일으키려 했다는 혐의로 쫓겨나면서 개혁이 중단되었다. 이 틈에 일본은 개혁의 방향을 일본식으로 바꾸기 위해 정부의 주도권을 잡으려 했다.

조선의 자주적인 개혁은 중단되었고, 조선을 일본과 비슷한 모습으로 바꾸려는 시도가 계속되었다.

홍범 14조의 주요 내용

1조 청나라에 의존하는 생각을 끊고 자주독립의 기초를 세운다.

3조 국왕이 정전에 나아가 정사를 친히 각 대신에게 물어 처리하되 왕후, 비빈, 종실, 척신이 간여함을 용납하지 아니한다.

6조 세금은 모두 법으로 정하고 그 이상 더 거두지 못한다.

8조 왕실은 솔선하여 경비를 절약해서 각 아문과 지방관의 모범이 되게 한다.

10조 지방관 제도를 고쳐 지방 관리의 권한을 한정한다.

11조 널리 자질이 있는 젊은이를 외국에 파견해 학술과 기예를 익히도록 한다.

12조 장교를 교육하고 징병 제도를 정해 군제의 기초를 확립한다.

13조 민법 및 형법을 엄정히 정해 함부로 가두거나 벌하지 말며, 백성의 생명과 재산을 보호한다.

14조 사람을 쓰는 데 문벌을 가리지 않고 널리 인재를 등용한다.

을미사변과 단발령

일본이 점차 조선을 장악해 가자 고종과 왕후는 러시아와 미국의 힘을 빌려 일본을 몰아낼 계획을 세웠다. 특히 러시아 공사인 베베르와 친분 관계를 쌓았는데, 베베르는 커피와 서양 과자 등을 선물하며 공손한 태도를 보여 왕후의 호감을 얻었다.

1895년에 러시아, 프랑스, 영국은 일본에게 청·일 전쟁 이후 점령한 랴오둥 반도를 다시 청에게 돌려줄 것을 강력히 요구했다. 특히 러시아는 일본 고베에 군함까지 파견했다.

일본은 어쩔 수 없이 랴오둥 반도를 포기했는데, 이때 조선 왕실은 러시아의 힘을 직접 느꼈다. 왕후와 고종은 베베르와 친분이 있는 이범진과 이완용 등에게 정치를 맡기고 러시아의 힘을 빌려 일본의 영향력에서 벗어나려고 했다.

1895년 8월 20일 새벽, 아직 어두운 경복궁은 고요하기만 했다. 그런데 갑자기 궁궐 서쪽에서 콩을 볶듯 요란한 총소리가 들렸다. 놀라 달려 나온 왕실 친위대원들과 궁녀, 내시들이 비 오듯 쏟아지는 총탄에 맞아 쓰러졌다.

일본 군인들의 뒤를 따라 한 무리의 낭인이 들이닥쳤다. 그들은 저항하는 조선인들을 칼로 베며 곧장 왕후가 있는 곳으로 돌진했다.

"저기 있다! 쫓아라!"

드디어 왕후를 발견한 낭인들은 궁녀 옷을 입고 도망치는 왕후를 쫓아 달렸다. 결국 왕후는 낭인의 손에 잔인하게 시해되었다.

서서히 동이 터왔고, 낭인들은 아무 일도 없었다는 듯 무수한 시체들을 밟고 궁 밖으로 유유히 사라졌다.

일본은 이참에 서둘러 자기들이 원하는 대로 조선을 변화시키려고 했다. 얼마 후, 내각 대신 유길준, 총리 대신 김홍집, 농상공부 대신 정병하가 가위를 받쳐 들고 고종을 찾아갔다. 왕에게 상투를 자를 것을 권하기 위해서였다. 경복궁에는 무장한 일본 군인이 대포를 설치한 채 주둔하고 있었다.

왕후가 시해된 이래 일본의 감시에 시달리던 고종은 어쩔 수 없이 단발을 허락하고 말았다. 정병하가 가위를 들어 고종의 상투를 잘랐고, 유길준은 세자의 머리카락을 잘랐다. 그날로 김홍집은 전국에 칙령을 내려

명성 황후 장례식
고종의 왕비, 명성 황후는 을미사변 때 시해된 뒤, 2년 뒤에야 장례식이 치러졌다.
1897년 11월 국장으로 치러진 명성 황후 장례식 장면이다.

단발을 명했다.

눈물을 흘리며 저항하는 남자의 상투는 일본식 군복을 입은 군인과 순검들의 커다란 가위에 싹둑 잘려 나갔다. 을미개혁에서 시행된 단발령은 조선 남자들을 분노케 했다. 한양 거리에서는 수많은 남자가 잘린 상투를 들고 통곡했다.

한양 안에서 강제로 상투를 자른다는 소문이 나자 사람들은 한양 성문 안으로 들어오길 꺼렸다. 물건을 내다 팔러 올라온 사람들은 한양까지 오지 않고 성문 밖에서 물건 팔 자리를 폈다. 그 바람에 성안은 텅텅 비고 성문 밖이 붐볐다.

멋모르고 한양에 들어갔다가 상투를 잘린 사람들은 잘린 상투를 손에 들고 산발을 한 채, 통곡하며 고향으로 내려갔다.

상투를 잘라 서양식 머리 모양을 하라는 단발령은, 태어나서부터 유교 지식을 익혀 온 조선인에게는 큰 충격이었다. 조선의 전통과 유교적인 사고 방식을 잘라 냄으로써 더 쉽게 일본에 동화하도록 만들려는 일본의 의도가 불을 보듯 뻔했다.

일본의 위협에 밀려 고종도 상투를 잘랐지만, 조선인들의 머리카락을 자르는 것은 쉬운 일이 아니었다. 사람들은 숨거나 도망 다녔고, 정부에서는 관졸들을 풀어 길거리에 다니는 사람들의 상투를 강제로 자르게 했다. 상투를 잘라 조선인의 정신과 신체를 지배하게 된 개화파 관리들은 점차 일본이 이끄는 대로 조선을 바꿔 나갔다.

달라진 것은 또 있었다. 그동안 외국과 조약을 맺거나 일을 추진할 때, 항상 음력과 양력이 달라 문제가 생긴 적이 많았다. 이런 문제를 없애기

단발령과 단발 지령문
김홍집은 고종에게 상투를 자를 것을 강요했으며, 단발을 시행할 것을 지시하는 지령문을 내렸다.

위해 드디어 조선에서 양력을 기본으로 삼기 시작했다. 7일을 일주일로 삼아 일요일에는 관공서가 문을 닫게 한 것도 이때였다.

"오늘이 윤2월 14일이지?"

아버지의 말에 아들이 고개를 끄덕였다.

"근데 왜 오늘 나가지 않는 거냐? 일에 늦으면 안 된다고 늘상 네가 말하지 않았니?"

"아버지, 오늘은 일요일입니다. 나라에서 운영하는 관청은 모두 쉬는 날이지요. 지난 을미년 개혁 때부터 양력을 써요."

"나 원 참, 무슨 귀신이 곡할 노릇인지. 멀쩡히 잘 쓰던 것을 왜 바꾼다고 이 난리냐?"

사람들은 일상생활에서 양력보다는 음력을 사용했고, 특히 절기를 기준으로 농사를 짓던 농민들은 농사일의 때를 음력에 맞춰 기억했다. 따라서 서양식의 날짜 계산법은 조선 사람들에게 엄청난 혼란을 주었다.

울음을 삼키며 의병을 일으키노라

한 나라의 어머니인 왕후가 일본 낭인의 손에 죽임을 당한 일은 천지가 뒤집히는 충격이었다. 조선 사람들의 끓어오르는 분노는 부모를 잃은 자식의 마음과 다를 바 없었다. 전국에서 유생을 중심으로 왕후의 원수를 갚겠다며 의병이 일어났다.

충청도 제천에서도 유인석을 비롯한 유생들이 모여 대책을 논의했다.

"우리가 세상의 이치를 깨우치고 글을 읽은 사람으로서, 나라가 위험에 처한 것을 보고도 자리만 지켜서는 안 되오. 우리 함께 의병을 일으켜 왜적을 소탕합시다!"

"이미 이 나라는 도를 알지 못하는 오랑캐 놈들에게 넘어간 지 오래입니다. 이곳에는 희망이 없단 말씀입니다. 우리가 도를 지킬 수 있는 길은 청국으로 망명하는 것뿐입니다. 인간의 도리가 아닌 것은 피해 가야 합니다. 의롭게 자결해 우리의 도와 뜻을 지키는 것은 어떻소?"

여러 의견이 나왔지만, 유인석을 비롯한 많은 사람이 의병을 택했다. 뜻을 모아 활동을 준비하고 있을 때, 단발령 소식이 전해졌다. 유인석은 격문을 돌려 항전을 외쳤다.

> 아! 저 왜놈들의 신의는 말할 것도 없거니와
> 저들이 대체 누구의 힘을 입어 살아 왔단 말입니까.
> 국모의 원수를 생각하며 이미 이를 갈았는데
> 임금께서 또 머리를 깎으시는 지경에 이르렀으니,
> 환난을 피하기란 죽음보다 괴로우며
> 멸망을 앉아서 기다리는 것은 싸우는 것만 같지 못합니다.

농민들은 이에 화답해 의병 부대가 만들어졌고, 본격적인 싸움이 시작되었다. 이들은 단발령을 강요하는 군수를 벌하고, 일본인은 만나는 대로 모두 공격했다. 또한 전국 각지에 격문을 보내 일본을 상대로 싸워야 함을 호소했다.

제천에서는 충주성을 공격해 점거하기도 했고, 이 소식을 들은 전국 각지의 사람들이 용기를 내어 의병 부대에 뛰어들었다. 유인석 부대의 세력은 제천 주변의 충청도 지역을 넘어 경상도까지 뻗어 나갔다.

박준영과 김하락은 2000여 명의 부대를 편성해 이천과 광주에서 일본군과 싸워 승리를 거뒀다. 이항로에게서 학문을 배운 이소응은 춘천의 유생 400여 명과 함께 의병 부대를 만들어 활동했다.

강릉에서는 민용호가 일본 관리를 습격했고, 경상도 진주에서는 노응규가 진주성을 점령했다. 허위는 김천에서 대구로 진격하며 위세를 떨쳤다. 전라도 나주에서는 기우만이 동료들을 이끌고 의병 부대를 만들어 활동했다.

이렇게 막강한 전국의 의병을 공격하기 위해 일본군은 조선의 관군과 협력해 군대를 조직했다. 일본군과 관군은 의병 부대가 주둔하고 있는 곳에는 모든 병력을 출동시키고, 최신 무기를 모두 동원해 공격을 퍼부었다. 많은 의병이 목숨을 잃고 쓰러졌다. 반면 끊임없이 보강되는 일본군의 위세는 더욱 커져만 갔다.

고종, 러시아 공사관으로 몸을 피하다

일본의 횡포에 맞선 의병이 목숨을 걸고 싸우고 있을 때였다. 한양에서는 새벽녘에 궁녀가 타는 작은 가마 두 대가 경복궁의 서문인 영추문을 빠져나왔다. 가마꾼들의 숨죽인 발걸음은 외국 공사관이 즐비한 정동으로 향하더니, 시간에 맞춰 활짝 열린 러시아 공사관 정문으로 들어갔다.

기다리고 있던 러시아 공사의 환영을 받으며 가마에서 내린 사람은 다름 아닌 고종과 왕세자였다. 미리 와서 기다리고 있던 이범진과 이완용이 왕을 모시고 방으로 들어갔다.

왕후가 일본인의 칼에 잔인하게 살해되는 것을 바로 옆에서 지켜본 고종은 공포에 사로잡혔다. 게다가 김홍집을 내세운 새 정권은 일본을 등에 업고 일본식 개혁을 추진해 나갔다.

얼마 전 개화파 관리들과 일본의 위협 속에 상투를 자르고 단발령을 내린 것처럼, 고종은 자기 손으로는 아무것도 결정할 수 없는 상황이었다. 하루빨리 일본의 영향력에서 벗어나지 않으면 또 어떤 정책을 발표하라고 강요당할지 모를 일이었다.

때마침 전국에서 의병이 일어나고 백성들이 일본을 반대하는 목소리가

옛 러시아 공사관
서울 중구 정동에 있는 옛 러시아 공사관 건물의 일부이다. 1890년에 완공되었으며, 지금은 3층으로 된 탑만 남아 있다.

커져 가고 있는 이때, 고종 스스로의 처신이 아주 중요했다. 우선은 일본의 손에서 자유로워져야 했다. 고종은 비밀리에 이범진과 이완용을 통해 러시아 공사와 의논했고, 경복궁을 빠져나온 것이다. 이를 '아관 파천'이라 한다.

다음 날, 고종은 갑오개혁을 실시하던 내각을 모두 해임하고 아관 파천을 도운 관리를 중심으로 새 내각을 세웠다. 그리고 김홍집과 유길준 등 갑오개혁의 주도자들을 없애라고 명령했다. 조선 전체를 분노로 들끓게 한 단발령도 철회했다.

러시아 공사관 앞에 배치된 일본군
고종이 러시아 공사관으로 피신하자 일본은 대규모 군대를 동원해 환궁을 요구했다.

이 소식을 들은 김홍집은 고종에게 궁으로 돌아올 것을 설득하러 러시아 공사관으로 가는 도중 성난 사람들의 손에 맞아 죽었다. 사람들은 왕후를 죽이고 단발령을 내린 일본을 받아들일 수 없었다. 고종을 위협하는 일본과 함께 개혁을 추진하던 김홍집은 역적과도 같았다.

이범진이 이끄는 새 내각은 갑오개혁으로 바뀐 제도들을 모두 옛것으로 되돌리고, 러시아 공사 베베르와 협의해 조선을 개혁하려 했다. 하루 아침에 권력을 잃은 일본은 고종에게 경복궁으로 돌아올 것을 요구했지만, 고종은 약 1년 동안 러시아 공사관에서 머물렀다.

그러나 자기 나라 궁궐을 버리고 온 고종에게 조선을 살릴 수 있는 권한은 많이 주어지지 않았다. 고종의 행동은 일본이라는 늑대를 피하려다

평안북도 운산 금광 채굴권
우리나라 최대의 금광으로, 1895년부터 채굴권이 미국에 넘어갔다.

경인선 철도 부설권
경인선 부설권은 미국이 따냈으나 일본이 이를 사들여 공사했다.

러시아라는 호랑이의 굴속으로 걸어 들어간 격이었다.

왕실의 보호자가 된 러시아는 고종을 압박해 여러 이권을 차지했다. 압록강 주변 삼림을 채벌할 수 있는 권리와 각지의 광산을 채굴할 수 있는 권리, 시베리아와 조선의 전신선을 연결할 수 있는 권리도 얻었다.

러시아가 이권을 차지하자 다른 나라에서도 많은 이권을 요구했고, 철도 부설권, 탄광 채굴권 등이 일본과 서구 열강의 손에 넘어갔다. 이들은 농민들의 땅을 마구 빼앗아 탄광을 열고 석탄을 캐 가는가 하면, 철도를 놓는다면서 논 한가운데를 파헤치기도 했다. 러시아의 힘을 얻은 왕실은 생명을 부지했지만, 농민들의 고통은 날이 갈수록 심해졌다. 조선에 드리운 열강의 그림자는 더욱 짙어만 갔다.

세계 속의 한국인

가난한 사람들의 친절한 의사, 박에스더

"어머니, 기침은 좀 어떠세요? 줄어들었어요?"

산골 마을을 터벅터벅 걷던 나귀가 나무껍질로 지붕을 얹은 낮은 집 마당으로 들어서자 박에스더가 물었다. 칠순을 바라보는 노인은 얼굴에 환한 웃음을 띠며 나귀에서 내리는 박에스더의 손을 꼭 잡았다.

"어서 와요. 오느라 힘들었지? 여기 감자 찐 것 좀 먹어 봐."

"어머, 맛있겠네요. 그나저나 기침은 어떠세요?"

"주고 간 약 먹고 나서 많이 좋아졌어. 너무 고마워서 맛난 거 해 주려고 내내 기다렸다니깐."

왕진 가방을 쪽마루에 내려놓은 박에스더는 청진기로 노인의 가슴팍을 짚어 본다.

 "숨소리가 아주 좋아졌어요. 폐도 괜찮으신 것 같아요. 그래도 약을 더 드릴 테니 꼭 챙겨 드세요."

 따뜻한 미소로 노인을 어루만져 주는 이는 우리나라 최초의 여의사, 박에스더이다.

 박에스더의 어린 시절 이름은 김점동. 딸만 넷인 가난한 집에 셋째로 태어났다. 점동은 아버지가 일하는 정동 교회의 목사 아펜젤러의 권유로 열 살 나이에 이화 학당에 입학했다. 당시 이화 학당은 문을 연 지 얼마 되지 않아 학생을 모집하는 데 애를 먹고 있었다. 점동은 세 명의 동료와 공부하며 교회에 발을 들여놓았고, 세례명으로 에스더를 받았다. 총명하고 영특한 점동은 특히 영어를 아주 잘했다.

 이화 학당을 졸업한 점동은 여성 선교사 로제타 셔우드가 운영하던 여성 전용 병원

박에스더와 박유산의 결혼 사진

보구 여관에서 통역을 맡았다. 당시 조선 여성들은 남자 의사에게 진료받는 것을 꺼려 병이 심해지는 경우가 많았다. 보구 여관은 그런 여성들을 돕기 위해 세워진 병원이었다.

하지만 점동은 수술을 싫어해서 병원에서 일하는 것을 그다지 좋아하지 않았다. 셔우드는 점동에게 의학을 공부할 것을 여러 차례 권유했지만, 그녀는 번번이 거절했다.

그러던 어느 날, 점동은 구개열(언청이) 환자가 수술을 받고 깨끗하게 치료되는 모습을 지켜보고 큰 감동을 받았다.

'의사란 정말 대단하구나. 땅에서 하느님의 일을 대신하는 것과 같아. 고통 속에 빠진 이들을 저렇게 구해 내다니!'

점동은 자신도 의사가 되기로 결심했고, 셔우드가 미국으로 돌아가는 길에 동행해 의학을 공부하게 된다.

미국으로 가기 전, 셔우드는 자신이 데리고 있던 박유산이라는 청년을 점동과 결혼시켜 함께 미국으로 보냈다. 이때부터 점동의 이름은 미국식으로 남편의 성을 딴 '박에스더'가 된다.

박에스더는 볼티모어 여자 의과 대학에서 공부하게 되었고, 남편 박유산은 농장이나 식당에서 일을 하며 부인의 학업을 도왔다.

"여보, 오늘 일이 많이 힘들었죠? 어깨가 이렇게 아플 정도이니."

농장에서 돌아온 남편의 어깨는 근육이 단단하게 뭉쳐 있었다. 근육을 풀어 주려 안마를 해주는 박에스더의 눈에 미안함의 눈물이 맺힌다.

"아니오. 다 내가 좋아서 하는 일인걸. 난 당신이 책을 읽는 모습을 보면 하루의 피로가 다 풀린다오. 자, 이러지 말고 어서 책상에 앉아 공부해요."

부인의 손을 어깨에서 떼어 낸 박유산은 옆에 있던 책을 건넨다.

"용기를 잃지 말아요. 이제 1년만 있으면 학위를 받고 조선으로 돌아갈 수 있으니."

남편의 무한한 지지와 사랑을 받으며 공부하던 박에스더는 1900년에 드디어 의학 박사 학위를 받았다. 조선인으로서는 서재필에 이어 두 번째, 조선 여성으로서는 첫 번째 의사가 탄생한 것이다. 그러나 에스더의 마음은 기쁘지만은 않았다. 자신을 뒷바라지하던 남편 박유산이 3주 전, 병을 얻어 저세상으로 간 뒤였기 때문이다.

남편을 잃은 슬픔과 의사가 된 기쁨을 동시에 가슴에 품고 조선으로 돌아온 박에스더는 다시 보구 여관에서 여성들을 치료했다. 남편의 희생에 보답하듯, 쉴 틈 없이 환자를 돌봤는데, 귀국한 뒤 10개월 동안 3000명이 넘는 사람들을 치료했다. 가난한 사람들을 위한 무료 진료소도 열었고, 쉬는 날에는 나귀를 타고 산골 마을의 병든 사람들을 찾아다녔다.

박에스더 부부와 로제타 셔우드 가족
1895년 9월 미국에서 찍은 사진이다.

여성 교육에도 관심이 많았던 박에스더는 간호 학교를 설립해 운영하기도 했고, 맹인을 위한 학교도 세워 점자 교육을 실시하기도 했다.

그러나 에스더는 남편을 앗아 간 병인 폐결핵에 걸렸고, 얼마 뒤 서른넷의 젊은 나이에 숨을 거두고 말았다.

에스더와 가족처럼 지내던 셔우드의 아들 셔우드 홀은 그녀의 죽음에 충격을 받고 폐결핵 전문 의사가 되기로 결심했다. 미국에서 공부한 후 조선에 돌아와 폐결핵 전문 병원과 요양소를 세웠고, 치료 자금을 모으기 위해 1932년에 크리스마스실(결핵 퇴치 기금을 모으기 위해 크리스마스 즈음에 발행하던 증표)을 발행했다. 박에스더의 안타까운 죽음이 이 땅의 폐결핵 환자들에게 희망의 씨앗이 되어 돌아온 것이다.

2006년, 박에스더는 여성으로서는 최초로 '과학 기술인 명예의 전당'에 19번째로 헌정되었다.

1896년
1896년 《독립신문》 창간
독립 협회 창립

1897년
1897년 고종, 경운궁으로 돌아옴
고종, 대한 제국 세우고 황제가 됨
한성 전기 회사 설립

3 황제의 나라 대한 제국

1899년
1899년 대한국 국제 선포
전차 개통
경인선 철도 개통

1898년
1898년 최초의 만민 공동회 열림
독립 협회 해산

어떤 나라가 될 것인가

영은문을 헐고 들어선 독립문

1896년, 차가운 공기가 맴도는 초겨울 아침나절이었다. 5000명가량 되는 군중이 연단을 향해 서 있었다. 코끝이 빨개진 채 어깨를 옹송그린 꼬마는 엄마 손을 꼭 잡고 검은 교복을 입은 학생 무리를 바라보았다.

"너도 공부 열심히 해서 꼭 배재 학당 학생이 되어야 한다. 알았지?"

아이의 귓가에 대고 엄마가 속삭였다. 배재 학당 설립자 아펜젤러의 감사 기도가 막 끝났다. 배재 학당 교표를 단 남학생들과 이화 학당 교복을 입은 여학생들이 저마다 태극기를 하나씩 흔들고 있었다. 나라를 위해 중요한 일을 하고 있다는 비장한 표정이었지만, 어린 학생다운 해맑은 웃음이 언뜻언뜻 스쳐 갔다.

한쪽에는 각국 공사관에서 나온 외국인들의 자리가 따로 마련되었고, 관복을 입은 조선인 관리들도 자리를 잡고 앉아 있었다. 이미 몇 차례의 기념 연설이 이어졌고, 사람들은 다음 차례를 기다리고 있었다. 사회자의 안내가 뒤를 이었다.

"자, 여러분. 우리 조선의 독립을 선언하는 뜻깊은 자리에 함께하는 것을 영광으로 여깁시다. 배재 학당 학생들의 애국가 제창이 있겠습니다."

학생들이 교표를 빛내며 운집한 사람들을 향해 일제히 돌아섰다. 푸른 눈의 목사가 잡은 지휘봉이 한 바퀴 허공을 가르자 노래가 시작되었다.

> 성조 신성 오백년은 우리 황실이요, 산수 고려 동반도는 우리 본국일세.
> 무궁화 삼천리 화려 강산. 죠션 사람 죠션으로 길이 보죤하세.
> 이천 만 오직 한마음 나라 사랑하야, 사농공상 상하 업시 제 직분 다하세.
> 무궁화 삼천리 화려 강산 죠션 사람 죠션으로 길이 보죤하세.

노래가 끝나자 우레와 같은 박수가 쏟아졌고, 이어 미국인 필립 제이슨이 단상에 올랐다. 그는 독립문을 건립하기 위해 모금 활동을 하던 지난 1년이 생각나 울컥 목이 메었다. 12년 만에 조선 사람들 앞에서 연설을 하게 되니 감회가 새로웠다. 그는 준비한 원고를 읽기 시작했다.

"독립문 정초식에 와 주신 여러분께 진심으로 감사드립니다. 조선은 500년 가까운 세월 동안 청의 손아귀에서 벗어나지 못했습니다. 이제 우리는 청의 은혜를 맞이한다는 영은문을 헐고, 떳떳한 독립문을 세우게 되었습니다. 이제 세계만방에 우리가 자주 독립국임을 선언한 것입니다."

감격에 젖어 떨리는 목소리의 주인공은, 갑신정변에 실패하고 도망치듯 조선을 떠났다가 필립 제이슨이란 이름의 미국인이 되어 돌아온 서재필이었다.

돌아온 서재필, 독립 협회를 이끌다

1896년 새해 첫날, 서재필은 조선 땅을 다시 밟았다. 젊디 젊은 스무 살에 존경하던 김옥균과 뜻을 같이해 갑신정변을 일으키고, 청군에게 쫓겨 허겁지겁 배를 타고 일본을 거쳐 미국으로 떠난 것이 12년 전이었다.

서재필에게 조선은 다시는 돌아보고 싶지 않은 조국이었다. 그가 떠나고 난 뒤 가족들은 모두 죽었다. 역적의 가족이 살아남을 수는 없었다. 부모와 형, 아내는 자살했고, 동생은 참형되었으며, 두 살 된 아들은 굶어 죽었다.

조국을 발전시키고자 한 자신에게 이런 엄청난 형벌을 내린 조선에는 두 번 다시 발을 딛지 않으리라 수백 번 다짐했다. 자유의 나라 미국에서 시민의 권리를 누리며 미국인으로 살아가고자 했다. 의사 자격증을 따고 미국 시민권을 얻어 이름도 필립 제이슨으로 바꿨다.

그러나 1895년 겨울, 10여 년 만에 만난 박영효가 당시 조선의 내각을 책임지고 있던 김홍집을 연결시켜 주면서 그의 운명은 바뀌었다. 강대국들에게 이리저리 흔들리고 있던 조선의 현실은 서재필의 마음을 움직였다.

"그래, 다시 한 번, 우리 조선을 발전시켜 보자. 그래도 내가 태어난 조국 아닌가!"

조선 정부는 서재필에게 중추원 고문직을 제의했고, 여러 근대화 사업을 추진할 수 있도록 후원하겠다고 약속했다. 서재필은 정부로부터 당시 돈으로, 4400원을 지원받아 《독립신문》을 창간했다.

정부의 정책 논평, 새로운 학문과 사상 소개, 조선에 필요한 새로운

서재필, 민주주의의 전도사가 되다

"인민은 정부에 맹종만 하지 말 것이며, 정부는 인민의 종복이고 인민이 곧 주인이라는 사실을 망각해선 안 된다."

한국에 민주주의를 심기 위해 노력했던 서재필이 한국인들에게 마지막으로 남긴 말이다.

갑신정변 실패로 미국으로 망명한 그는 접시 닦이로 학비를 벌며 의과 대학을 졸업해 우리나라 최초의 의사가 되었다.

미국인 부인과 미국인으로서 살아가던 그를 고국으로 다시 불러들인 이는 10년 만에 워싱턴에서 만난 박영효였다. 조선에 돌아온 서재필은 독립 협회와 《독립신문》을 만들어 민주주의를 전파했다. 그러나 황제의 권력을 비판했다는 이유로 추방당한 후, 미국의 평범한 의사로 돌아갔다.

조선이 일제의 손에 들어가자 미국에서 사람들을 모아 외교 활동을 펼쳤고, 1945년 해방이 되자 잠시 귀국했다가 미국 시민권자로 살겠다며 다시 미국으로 돌아갔다. 1951년, 한국이 전쟁의 불길에 휩싸여 고통받고 있을 때, 평생 한국을 걱정한 미국인 서재필은 미국에서 숨을 거두었다.

서재필과 미국인 부인

서재필과 독립 협회 회원

정책 등을 한글로 친절히 풀어 놓은 《독립신문》의 기사는 많은 사람의 인기를 끌었다. 누구든지 자신의 의견을 보내면 신문에 실을 수 있었고, 신문 한 부를 사면 수많은 사람이 돌려 보았다. 사람들은 삼삼오오 모여 신문을 읽고 토론하기도 했다. 특히 젊은 학생들에게 인기가 많았다.

여성의 인권을 보호하자거나 새로운 문물을 적극 받아들이자고 주장했고, 집과 몸을 깨끗이 해서 위생에 주의하자는 내용 등 일상생활과 관련된

독립문
독립 협회가 전국적인 모금 운동을 펼쳐 건립한 문이다. 청나라의 사신을 맞이하는 영은문을 헐고 그 자리에 세웠는데, 청의 오랜 억압에서 독립해 자주국을 선포하는 의미가 있었다. 프랑스 개선문의 모습을 본떠 지었다.

정보도 제공했다. 신문 제호가 '독립'이니 만큼 조선을 둘러싼 강대국들, 특히 오랫동안 조선에 지배력을 행사하고 있던 청이 조선의 정책에 영향을 미치는 데도 반대했다.

이어 서재필은 이상재, 이승만과 더불어 '독립 협회'를 만들어 활동했다. 문명개화된 사상과 문물을 소개하는 것이 가장 중요했으므로 정부 관리들도 함께 참여했다. 독립 협회는 토론회와 강연회를 열어 개혁의 필요성을 강조하고, 조선 사람이 하나로 뭉쳐 진정한 자주독립을 이뤄 내자고 주장했다.

아관 파천이 일어나자 독립 협회는 러시아와 조선 정부를 강력히 비난하면서 고종이 빨리 궁으로 돌아올 것을 요구했다. 신문을 읽은 사람들이 고종의 환궁 요청에 동참했고, 마침내 고종은 1897년 2월에 경운궁으로 돌아왔다.

《독립신문》
서재필이 창간한 《독립신문》은 누구나 쉽게 읽을 수 있는 순한글판과 외국 사람도 읽을 수 있는 영문판으로 함께 발행되었다.

대한 제국 고종 황제

"전하, 조선은 황제의 나라가 될 만한 충분한 자격을 갖추고 있습니다. 명나라가 망한 지금, 중화의 정통성을 이은 나라는 저 오랑캐의 청나라가 아니라 바로 우리 조선입니다."

나날이 쌓여 가는 상소문들은 하나같이 왕을 '황제'라 칭하라고 건의하고 있었다. 독립 협회 또한 그것이 청으로부터 완전한 독립을 이루는 길이라고 주장했다.

"전하, 이제 새로운 시대에 모든 나라가 자주와 독립을 내세우고 있는데도, 우리 조선은 독립이라는 이름만 있고 자주라는 실체가 없었습니다. 이에 민심이 흩어지고 나라가 안정되지 못하고 있사옵니다. 부디 황제를 칭해 나라를 바로잡으옵소서."

고종은 이러한 의견을 받아들여 하늘에 제사 지내는 원구단을 쌓고 황제 즉위식을 거행했다. 고종은 원구단에 올라 하늘의 신과 땅의 신에게 황제가 되었음을 고하는 제사를 지낸 뒤 황제를 뜻하는 황금색 의자에 앉았다. 이제 새로 탄생한 황제에게 황제의 뜻을 선포할 때 사용할 새보(璽寶, 황제의 도장)가 바쳐졌다.

즉위식을 마치고 궁으로 돌아온 고종은 문무 관료들의 축하 인사를 받았고, 이어 을미사변으로 죽은 왕후 민씨를 황후로, 세자를 황태자로 책봉했다. 고종은 근엄한 발걸음을 옮겨 앞으로 나아간 뒤, 문무백관을 내려다보며 말했다.

"짐은 이제 독립 자주국의 황제가 되었노라. 이제 짐의 나라를 '대한 제국'이라 할 것이니 대한 제국은 이제 명실상부한 자주 독립국이니라."

"성은이 망극하여이다, 황제 폐하."

백관들은 함께 네 번 절한 후, 소리 맞춰 만세를 불렀다.

이날 밤 한양 곳곳에서는 잔치가 열렸다. 사람들은 집집마다 대문 앞에 등불을 매달아 거리를 밝혔고, 초가삼간에도 태극기가 펄럭였다. 부슬부슬 내리는 가을비에도 아랑곳 않고 수많은 사람이 거리에 나와 만세를 외치고 애국가를 불렀다.

고종은 나라의 모든 권력을 황제에게 집중시켰다. 메이지 유신을 추진한 일본의 메이지 천황처럼, 정책을 결정하고 세금을 걷고 외교 관계를 맺고 재정을 운영하는 모든 권력을 자신이 행사하도록 제도를 바꿨다. 메이지 유신과 같은 강력한 근대화 정책을 추진하려는 의지의 표현이었다.

"그래, 요즘 백성들의 사정이 어떠하오?"

고종과 덕수궁
조선 26대 왕으로 1897년 대한 제국을 선포하고 황제라 칭했으나 결국 주권을 일제에 뺏기는 비운을 겪었다. 덕수궁은 아관 파천 이후 고종이 머물던 곳으로 당시에는 경운궁이라 불렀다.

고종이 바로 옆에 앉아 머리를 조아리고 있는 궁내부 외사 과장 홍종우에게 물었다.

"황제 폐하가 조선을 굳건히 하실 것이라 믿어 의심치 않고 있습니다. 황제로 즉위하신 것은 나라의 자존심을 살린 결단인 줄 아옵니다."

"《독립신문》을 봐도 우리가 자주국이 된 것을 크게 기뻐하고 있는 것 같구려."

"예. 청나라의 속박에서 비로소 벗어나 진정한 독립을 이룬 것이라 칭송하고 있사옵니다."

"그래. 이제는 내가 개혁을 실행할 것이오. 교육을 발전시키고 산업을 일으켜서 일본, 청, 러시아와 어깨를 나란히 할 수 있는 나라로 만들어 낼 것이오."

황제의 개혁 의지는 식을 줄 몰랐다.

환구단과 황궁우
환구단(왼쪽)은 천자가 하늘에 제사를 지내던 곳이고, 황궁우는 위패를 모시는 곳이다. 고종은 환구단에서 황제 즉위식을 치렀다. 1914년 일제가 환구단을 헐고 그 자리에 조선 호텔(오른쪽)을 세웠다.

움터 오르는 평등 세상

1898년 3월, 독립 협회는 종로 네거리에서 처음으로 만민 공동회를 개최했다. 1만여 명의 사람들이 구름처럼 모여들었다.

연단에 한 젊은이가 올라 열변을 토하기 시작했다. 회를 거듭할수록 만민 공동회에 참여하는 사람이 더욱 많아졌다. 논의가 모아진 주제에 대해서는 대표를 뽑고 대책을 마련해 정부에 전달하거나 실행에 옮겼다. 신분과 남녀에 관계없이 특정한 주제에 대해 누구든지 나와 이야기할 수 있었다. 오랜 세월 계속되어 온 남녀 차별, 강대국의 이권 침탈 문제, 자주독립을 지켜 내는 방법 등이 논의되었다.

"우리 인민들은 조선의 군대와 재정을 외국에 맡겨서는 안 된다고 생각합니다. 정부는 일을 더 편리하게 진행하고자 한다지만, 러시아는 이 틈을 타서 우리 관리들을 해고하고 조선을 떡 주무르듯 하고 있으니 어찌 된 일입니까? 이는 옳지 않으니 정부는 러시아에게 모든 것을 원래대로 되돌리라고 하시오."

"우리 대한 제국의 정치가 발전하려면 여러 대신이 모여 나라의 정책을 결정할 위원회가 제일이오. 이 대신들이 백성의 소리를 귀담아듣고 정책을 만든다면 우리의 권리도 더 커질 것이오. 백성의 권리가 높아지면 황제의 권위도 높아지고, 나라의 이름을 세상에 떨칠 수 있습니다."

"이 개명 천지에도 탐관오리가 있다는 소식을 들으셨소? 각 고을을 다스리라고 보낸 관리들이 백성들의 세금을 받아 나날이 풍악 소리를 울리며 향기로운 술로 세월을 보낸다고 하니, 이를 어찌 가만두고 볼 일이오?

우리 조정은 감시를 철저히 하여 이들을 강하게 처벌하기 바라오!"

만민 공동회는 수많은 사람에게 민주주의가 무엇인지 가르쳐 주는 산 교육장이 되었다. 대한 제국 정부도 독립 협회에 협조해 다양한 의견을 받아들이고자 노력했다. 10월에는 정부와 함께 종로에서 6일 동안 관민 공동회를 열었다. 이 자리에서는 하루바삐 실행해야 할 개혁 과제를 정리해 발표하고 정부에 전달했다.

독립 협회의 활동은 대한 제국 사람들에게 희망을 주었다. 열강들의 손아귀에서 벗어나 자유로운 새 나라를 세울 수 있다는 희망이었다. 그러나 고종이 러시아 공사관에 머무르는 사이, 러시아와 일본 사이에 비밀 협약이 맺어졌다. 러시아는 만주를 차지하고 일본은 조선을 식민지로 지배함을 서로 인정한다는 것이었다. 조선을 향한 먹구름이 서서히 짙어지고 있었다.

황제와 맞선 만민 공동회

대한 제국 헌법이 발표된 이후, 조선 정부를 움직일 수 있는 권력이 점차 고종에게 집중되었다. 고종은 일본의 메이지 천황이 그랬듯이 모든 개혁의 주체가 되고 싶었다. 그래서 정치권력은 물론이고 경제와 사회 제도 전반을 아우르는 권력을 모두 한 손에 틀어쥐었다. 그 누구라도 황제의 명령에 따르지 않거나

이의를 제기하면 강력한 처벌을 내릴 수도 있었다.

그러자 황제의 권력이 지나치게 강해지는 것이 옳지 않다는 반대 의견이 터져 나왔다. 특히 서재필에 이어 독립 협회를 이끌고 있던 이상재와 윤치호는 황제의 엄청난 권력을 염려했다.

"황제의 권력이 지나치게 커지고 있소. 모든 법과 제도를 황제의 말 한마디로 결정한다면, 누가 마음 놓고 자신의 의견을 말할 수 있겠소?"

이상재와 머리를 맞대고 앉은 윤치호가 입을 열었다.

"이건 민주주의에 대한 정면 도전입니다. 법을 만들려면 우선 의회를 만들어야지요."

"만민 공동회에 참여하는 시민들도 같은 의견입니다. 의회를 만들어 시민들의 의견을 묻고, 그에 따라 법을 정해야 합니다."

이상재의 눈에 걱정스러운 그늘이 스쳐 지나갔다.

"지난 5월에 서재필 박사를 해고하고 미국으로 떠나도록 한 것도 민주주의를 막고자 한 조치가 아니겠습니까? 이젠 만민 공동회 개최마저 막으려고 할 겁니다."

"이대로 두고 볼 수는 없습니다. 시민들이 가만있지 않을 거예요."

얼마 뒤 정부는 그동안 자유롭게 열리던 만민 공동회의 개최를 막으면서 언론과 집회의 자유를 제한했다. 하지만 대한 제국 정부가 민중의 지지를 한 몸에 받고 있는 독립 협회와의 협상을 무조건 거부할 수만은 없는 일이었다.

정부와 독립 협회는 협상을 계속 이어 갔고, 마침내 의회를 설립하는 데까지 의견 일치를 보았다. 소식을 들은 사람들은 뛸 듯이 기뻐하며 민주주의의 발전을 기대했다.

그러나 국가의 지원을 받아 설립한 보부상 단체인 황국 협회에서 고종 황제에게 문제의 상소를 올렸다. 며칠 전부터 한양 곳곳에 독립 협회가 벽보를 붙였는데, 그 내용이 황제를 폐하고 새 나라를 세우자는 것이었다고 고발했다.

> 저들(독립 협회)이 바라는 것은 바로 대한 제국의 황제를 없애는 것이옵니다. 나라의 모든 일을 자신들의 손으로 처리하는 것이 저들의 뜻이옵니다.

상소를 받은 고종은 자신을 폐하고 새로운 국가를 세우려 한다는 독립 협회를 그냥 둘 수 없었다. 그날로 바로 독립 협회의 간부 17명이 검거되었고, 독립 협회도 당장 해산하라는 명령을 받았다. 이날부터 독립 협회의 모든 행동은 불법이 되었다.

이 사건을 정부의 음모라고 생각한 사람들은 자발적으로 종로 네거리에 모여 만민 공동회를 열었다.

한양 사람들의 철야 시위는 19일 동안 계속되었고, 마침내 정부는 독립 협회 관계자들을 모두 석방했다. 그리고 독립 협회를 고발했던 황국 협회 간부들을 구속했다.

간부가 구속되었다는 소식에 황국 협회 회원 수천 명이 종로에서 개최되고 있던 만민 공동회를 습격했다. 몽둥이와 돌멩이를 든 황국 협회 회원들은 만민 공동회에 참석하고 있던 사람들을 마구 공격하며 강제로 해산시켰다.

난데없는 폭력에 당황한 사람들은 허둥지둥 뿔뿔이 흩어졌다. 그러나 곧 황국 협회가 일으킨 폭력 사태에 항의하는 만민 공동회가 다시 열렸고, 정부의 지원을 받는 황국 협회의 잘못을 성토하며 비판했다. 황국 협회와 만민 공동회의 대립은 엎치락뒤치락 계속되었고, 고종이 친히 나서 말리자 겨우 사태가 진정되었다.

그러나 이후에도 적절한 개혁이 없자 만민 공동회가 다시 열렸다. 정부는 결국 군대를 동원해 만민 공동회를 해산시켰고, 주도했던 이승만을 종신형에, 정부 비판에 적극적이었던 최정식을 사형에 처하기로 했다. 이로써 독립 협회와 만민 공동회는 자취를 감추게 되었다.

옛 질서 위에
새로운 문물을
세우다

황제가 개혁을 이끌다

고종 황제는 자신이 앞장서서 개혁을 이끌고자 마음먹었다. 옛 질서에 바탕을 두고 새로운 문물을 도입하려면, 무엇보다도 먼저 강력한 황제권을 가져야 한다고 생각했다. 그래서 갑오개혁을 거치며 많이 약해진 자신의 힘을 다시 강력하게 만들고자 '대한국 국제'를 발표했다. 세금을 걷고 나라 살림살이 계획을 세우는 일도 황제 마음대로 할 수 있도록 법과 제도를 바꾼 것이다. 개혁에 필요한 재정을 확보하기 위해서였다.

   고종은 먼저 산업을 발달시켜야 나라를 부강하게 만들 수 있다고 믿었다. 개항 이후부터 물밀 듯이 밀려드는 신식 물건들은 조선 사람들의 마음을 온통 뒤흔들었다. 그을음이 생기지 않는 석유, 간편하게 불을 피울 수 있는 성냥, 맵시 좋고 값도 싼 면직물, 외국산 장신구와 화장품은 이제 생활필수품이 되어 버렸다. 그 같은 상품을 사느라 외국으로 빠져나가는 돈도 점점 많아졌다.

이제 대한 제국에서도 회사를 세워 물건을 생산하고 사람들에게 국산품을 이용하게 한다면, 한발 더 나아가 우리 물건을 외국에까지 수출할 수 있다면, 나라의 부가 점점 늘어날 것이었다.

고종은 기술 교육을 중시해 여러 학교를 세우고, 국가가 자본을 대 조선의 기업을 세웠다. 일본의 면직물에 맞설 종로 직조사와 신식 종이 생산을 위한 한성 제지 회사는 나라가 보조금을 주고 개인 사업자가 설립했다.

산업을 발달시키려면 자본이 필요했다. 대한 제국의 국고는 그동안 추진해 온 여러 가지 근대화 정책 때문에 이미 바닥을 드러낸 상태였다. 그러므로 여러 사람으로부터 돈을 모아 자금을 마련해야 했는데, 그런 의도에서 은행도 설립되었다. 은행은 사람들에게 담보를 받고 돈을 빌려주어 이자 수입을 올리는가 하면, 저축을 받아 자금을 형성하기도 했다. 이렇게 만들어진 자금은 기업에 투자되었다.

열강들이 가져갔던 자원 채굴권 등의 이권도 다시 찾아와야 했다. 그 자원이 바탕이 되어야 산업을 발달시킬 수 있기 때문이다. 그동안 외국의 손에 맡겨 두었던 철도와 광산의 관리도 관청을 따로 두어 직접 관장했다.

새 문물이 가져온 편리한 생활

고종은 대한 제국을 선포한 뒤, 한양을 황제의 품위에 걸맞은 수도로 발전시키고 싶어 했다. 일단 꼬불꼬불하고 진흙투성이였던 길을 넓히고 도로를 정비했다. 그 길 위로 서양 선교사들이 가져온 자동차들이 이따금씩 달렸다. 1903년에는 고종 황제의 전용 차량이 수입되었다.

이 도로들은 경운궁을 중심으로 원형의 거미줄처럼 배치되었다. 길에서 길로 잘 이어질 수 있고, 경운궁을 중심으로 관청들을 배치하면 업무를 추진하는 데도 도움이 될 터였다. 길과 길이 맞닿은 곳이나 사람이 많이 모이는 곳에는 공원도 만들었다. 오늘날의 탑골 공원 터를 잡은 것도 바로 이때이다. 경운궁 앞에는 커다란 광장을 만들었다. 이곳에서는 황제에게 자신의 뜻을 전달하고 싶어 하는 이들의 집회가 자주 열렸다.

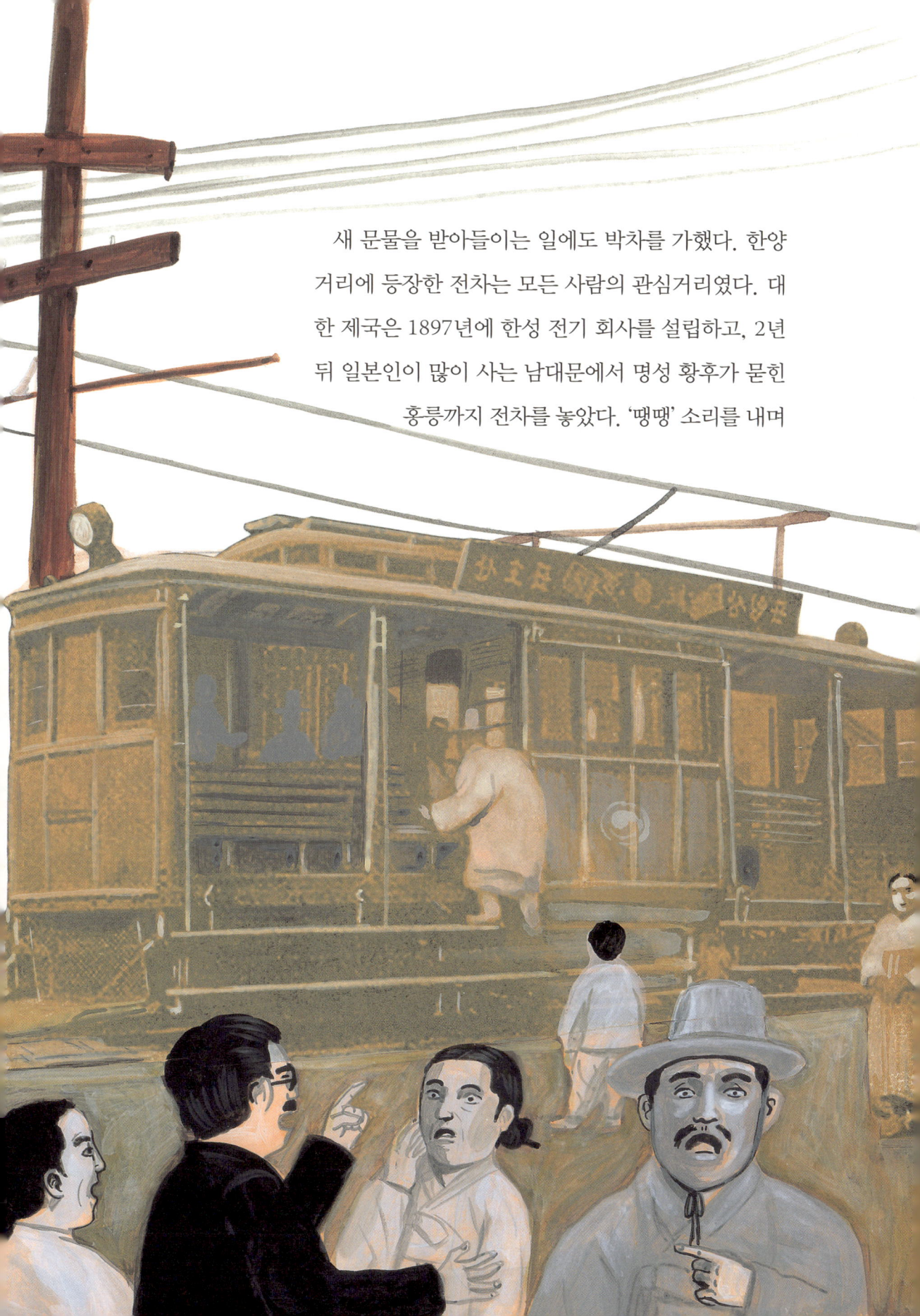

새 문물을 받아들이는 일에도 박차를 가했다. 한양 거리에 등장한 전차는 모든 사람의 관심거리였다. 대한 제국은 1897년에 한성 전기 회사를 설립하고, 2년 뒤 일본인이 많이 사는 남대문에서 명성 황후가 묻힌 홍릉까지 전차를 놓았다. '땡땡' 소리를 내며 도심을 가로지르는 전차에는 칸을 나눠 남녀가 따로 탔다. 한 번 타는 요금이 5전(우리나라의 옛 화폐 단위로, 1전은 1원의 100분의 1)으로, 당시 쌀 한 말 값이 1원이었던 점을 생각하면 비싼 편이었다. 그러니 한양 사람들은 전차를 함부로 탈 수 없었고, 지방에서 한양 유람을 온 사람들에게나 필수 관광 코스로 자리 잡았다. 하지만 전차에 치여 다치거나 죽는 사람이 많아지자 전차를 바라보는 사람들의 시선이 곱지만은 않았다.

"온다! 던져랏!"

한 청년이 외치자 그와 함께 있던 남자들이 일제히 전차를 향해 돌을 던졌다.

"사람 잡아먹는 괴물! 우리는 저따위 것이 필요 없다!"

전차가 급히 멈춰 섰고 전차를 타고 있던 사람들이 우왕좌왕하며 몰려 내려왔다. 허겁지겁 전차를 세운 운전사도 사람들의 돌팔매질을 피하며 골목으로 뛰어 들어갔다. 누군가 텅 빈 전차에 불을 붙였고, 순식간에 불길이 치솟아 타 버렸다. 호루라기를 불며 경찰들이 몰려왔지만, 전차를 공격했던 사람들은 이미 사라진 뒤였다. 구경꾼들은 해야 할 일을 했다는 듯 혀를 차며 경찰들을 손가락질했다.

"잘 되었지. 저놈의 전차에 사람이 다친 게 한두 번이냔 말이야. 비싸서 우린 타 보지도 못한걸."

"없는 게 나아. 보름 전에 죽은 아이가 이제야 한을 풀었겠군."

사람들은 다시 걸음을 재촉했다. 그러나 금세 전차에 대한 두려움을 잊고 편리함에 익숙해졌다.

전차를 놓은 한성 전기 회사는 동대문에 발전소를 세운 뒤 대한 제국 정부의 요청에 따라 관청과 궁궐 주변부터 전등을 세웠다. 1900년 한 해에만 380여 개를 설치했고, 이후 서울 전역으로 퍼져 나갔다. 특히 일본인과 서양인이 많이 살던 남촌(오늘날의 충무로 지역)을 중심으로 전등이 밤을 밝혔다.

전등이 많아지자 마포에 발전소를 하나 더 세웠다. 흔들리는 호롱불에 의지해 살던 사람들에게 전등은 새로운 세상을 선물했다. 밝아진 밤거리를 할 일 없이 쏘다니며 남의 동네를 기웃거리거나 전등불에 의지해 노점을 펴는 사람들도 생겨났다.

1896년에는 고종이 거처하는 경운궁에 전화가 놓였다. 교환수가 원하는 곳을 연결해 주는 방식이었다. 이따금 고종은 관리들에게 전화를 걸었는데, 황제의 전화를 받기 전에는 반드시 의관을 단정히 하고 전화기를 향해 큰절을 올린 후 무릎을 꿇고 통화했다. 전화하는 모습을 본 사람들은 '어찌 저리 작은 곳에 사람이 들어앉아 있을꼬!' 하며 신기해 했다.

최초의 전깃불
1887년에 처음으로 경복궁 안 건천궁에서 전깃불을 켰다. 그때의 모습을 상상해서 그린 그림이다.

철도도 놓였다. 인천으로 들어온 외국의 물품들이 한양까지 오려면 뱃길을 이용해야 했는데, 겨울이면 한강이 얼어붙어 오도 가도 못 했다. 일본이 앞장서 인천에서 한양을 오가는 철도를 만들 것을 건의했고, 대한 제국 정부도 이를 받아들여 미국의 모스 회사에 부설을 맡겼다.

그러나 대한 제국이 재정 부족으로 부설비를 지불하지 못하자 일본이 세운 경인 철도 회사가 부설권을 사들였고, 1900년에 경인선이 개통되었다. 연기를 내뿜으며 내달리는 기차는 대한 제국 사람들에게 경이로움 그 자체였다. 꼬박 하루 이틀은 걸리던 인천 길이 겨우 반나절이면 갈 수 있을 만큼 가까워졌다.

축지법을 쓴 듯 길에 뿌리던 시간을 줄어들자 시간 관념도 달라졌다.

최초의 전화 교환수
1896년 고종의 명을 전달하기 위해 경운궁에 최초로 전화가 놓였다.

철도 운행의 시작
2년 6개월간의 공사를 마치고 인천 제물포와 노량진 구간에서 처음으로 철도가 운행되었다.

열차를 타고 내리는 시간이 정확하니 그에 이어지는 일과 시간도 정확해졌다. 기차를 타고 다니자니 외국에서 들어온 시계를 호주머니에 넣고 다니거나 기차역에 세워진 시계를 수시로 들여다봐야 했다.

"애야, 기차가 유시(酉時, 오전 9시~오전 11시)에 온다고 했냐?"

"아니요, 정확히 오전 10시 20분에 온다고 했어요. 여기 시계로 따지면 작은 바늘이 10, 큰 바늘은 4를 가리켜야 해요."

"어이구, 나는 아직도 그런 시계로는 잘 모르겠구나."

"기차는 시간을 딱딱 맞춰 다니기 때문에 시계를 잘 보셔야 해요. 이젠 자시나 축시 이런 말은 쓰지 않는다고요."

양복 호주머니에 멋스럽게 달린 뚜껑 있는 시계를 열어 아버지께 보이며 아들은 답답해 했다.

사람들을 서양 의학으로 치료해 주는 제중원과 의료원 양성을 겸하는 대한 의원도 정부의 지원으로 발전해 나갔다. 제중원은 갑신정변에서 큰 부상을 입은 민영익이 목숨을 구해 준 데 대한 보답으로 알렌에게 사 준 집을 개조해서 세운 근대식 병원이었다.

알렌과 제중원
미국인 의사 알렌은 민영익을 치료해 준 대가로 서양식 병원인 광혜원을 설립할 수 있었다. 나중에 제중원으로 이름이 바뀌었다.

3 황제의 나라 대한 제국 · 131

대한 제국의 수도 한양은 이제 다른 어떤 나라의 수도에도 뒤떨어지지 않는 근대적 모습을 갖춰 나가고 있었다.

문명은 가비차 향기를 타고 온다

1902년 배재 학당으로 가는 정동 길목에 조선 최초의 서양식 호텔인 '손탁 호텔'이 생겼다. 러시아 공사 베베르를 따라 조선에 들어온 독일 여성 손탁은 1885년부터 고종의 곁에서 서양 요리를 만들어 대접했다. 고종과 명성 황후는 손탁을 매우 신임했는데, 명성 황후가 시해당한 뒤 공포에 떨던 고종은 손탁이 올리는 음식만 먹었을 정도였다. 아관 파천으로 러시아 공사관에 머물 때도 손탁의 시중을 받았다.

손탁은 고종이 선물한 정동의 한옥을 헐어 러시아식 새 건물을 짓고 호텔을 개업했다. 호텔 1층은 커피숍, 2층은 귀빈들의 객실로 사용되었다. 주로 외국에서 공부하고 귀국한 조선인 유학생이나 서울에 머무르는 외국인들이 드나들었다. 호텔 커피숍 창가에 앉아 클래식 음악을 들으며 향기로운 커피를 마시는 것은 한양 사람들의 꿈이 되어 갔다.

유명한 커피 마니아였던 고종은 식사 때마다 후식으로 커피를 즐겼는데, 발음을 따서 '가비차(加比茶)'로 불렀다. 당시 커피는 네모난 각설탕 속에 커피 가루를 넣은 것으로, 뜨거운 물에 넣어 녹여서 마셨다. 경운궁에 새로 지은 서양식 정원 건물인 정관헌에서는 외국 공사들과 함께 커피와 다과를 즐기는 티 파티도 자주 열렸다. 러시아와 깊은 관련이 있던 관리 김홍륙이 고종을 독살하기 위해 커피에 아편 덩어리를 넣은 적이 있었다.

그 사실을 모르고 커피를 마시던 고종은 그 자리에서 쓰러져 죽을 고비를 넘겼다. 하지만 그 후 주변 사람들의 만류에도 황제의 커피 사랑은 계속되었다. 커피는 곧 일반 사람들에게도 퍼졌다. 커피에는 아편이 들었다느니, 커피를 마시면 머리카락과 이빨이 빠져 버린다느니 하는 소문이 돌았지만, 커피 잔을 들고 축음기에서 흘러나오는 서양 음악을 듣는 것이 문명개화한 사람의 상징이 되어 가고 있었다.

문명개화한 사람의 조건은 또 있었다. 상투를 잘라 단발한 머리에 기름을 바르고 가르마를 타 단정히 빗어 넘겼다. 도포와 갓을 벗어 버리고 양복에 구두를 신는 사람도 늘었고, 학생들은 서양식 교복에 모자를 썼다.

이화 학당 여학생들의 교복 저고리는 활동하기 편하게 길어졌고 치마는 길이를 줄이고 양 끝을 이은 간편한 통치마로 바뀌었다. 한양 사람들은 서양인들과 영어로 대화하며 교회를 드나들고 서양식 예절을 몸에 익힌 학생들을 동경해 마지 않았다.

사람들은 정확히 도착하는 기차에 몸을 싣고 고향에 가고, 편리한 전차를 타고 도성 안을 드나들었으며, 친구들을 만나 가로등이 켜진 진고개(일본인들이 많이 살았던 오늘날의 충무로) 밤거리를 산책하기도 했다. 이제 더 이상 전화를 보고 놀라지 않았고 전신국에 가 배달된 신문을 찾아

경성 우편국 전보 취급소
근대 문물은 조선인의 시공간 관념을 크게 변화시켰는데, 전보·전신·전화의 도입은 물리적 공간과 거리를 뛰어넘게 해 주는 혁신적인 제도였다.

읽었다. '펑' 하고 터지며 연기를 뿜어 대는 사진기 앞에서 서양 옷을 맵시 있게 차려입고 미소를 지을 줄도 알게 되었다. 달고도 쓴 커피를 아무렇지도 않게 삼켰고 영어 공부를 위해 거금을 내고 교습소를 찾아다녔다. 조선의 젊은이들은 그것이 달라진 세상에서 출세하는 길이라고 생각했고, 더 나아가 조국을 발전시키고 진정한 독립을 찾는 근대화의 길이라고 믿었다.

새 문물이 드리운 그림자

고종은 한시바삐 개혁에 성공해 당당한 독립국으로서의 위상을 지켜 나가고 싶었다. 그러나 대한 제국의 텅 빈 지갑과 그 지갑마저 노리는 열강들이 고종의 꿈을 하나둘씩 꺾어 놓기 시작했다.

전차·전기·전화를 놓을 때 정부는 미국인 콜브란에게 도움을 청했다. 대한 제국 정부는 전기 회사가 가진 주식을 담보로 해서 공사 비용을 모두 대기로 했다.

하지만 사업을 추진하면서 재정이 부족해졌고, 한성 전기 회사는 주식을 갖고 있는 콜브란의 것이 되었다. 그러나 이익이 별로 없다고 판단한 콜브란은 회사를 곧 일본에게 팔아 버렸다. 이로써 조선의 전차·전기·전화에서 나오는 모든 이익은 일본 차지가 되었다.

경인선에 이어 경부선 철도 부설권도 일본의 손에 들어갔다. 대한 제국 정부는 철도 부지를 무상으로 제공하면서 묘지를 함부로 파괴하지 않겠다는 약속을 받았다. 일본은 부설에 필요한 돈과 기술을 제공하고 대신 15년 동안 이익을 가져가기로 했다.

그러나 막상 공사가 시작되자 일본은 점점 더 많은 땅을 요구했고, 철도 주변의 땅에 대한 지배권을 행사했다. 함부로 농민들을 끌어다가 강제로 노동을 시켰고, 가축과 곡식을 마음대로 가져다 먹었다.

일본의 횡포에 시달린 사람들은 철도에 돌을 놓아 열차를 전복시키고, 선로를 끊거나 폭탄을 터뜨렸다. 그러나 잡힌 자는 모두 그 자리에서

처형당했다. 철도에 일거리를 뺏긴 나루터 사공들은 기차가 뿜는 검은 연기만 봐도 울화통이 터졌다.

　정부가 고위 관료들에게 후원금을 주고 세운 회사들은 처음에는 발전하는 듯했지만, 역시 일본의 기업에 대항하기에는 힘이 부족해 하나둘씩 문을 닫았다.

　수많은 개혁을 한꺼번에 추진하려고 하니 엄청난 돈이 필요했다. 백성에게서 걷는 세금을 늘리는 데도 한계가 있었고, 중간에서 이익을 얻는 관리들을 철저히 감독해도 원하는 만큼 재정을 확보할 수가 없었다. 황실의 권위를 갖추기 위해 쓰는 돈도 만만치 않았다.

　대한 제국 정부는 부족한 재정을 충당하기 위해 불량 화폐인 백동화를 대량으로 찍어 냈다. 돈이 필요할 때마다 황실이 앞장서서 찍어 냈고, 지방 관청에서도 정부의 허가만 받으면 스스로 백동화를 만들어 사용할 수 있도록 했다.

이러다 보니 각 지방마다 사용하는 돈의 모양과 가치가 다 달랐고 사람들은 대한 제국의 백동화를 믿지 못하게 되었다. 경기도에서 물건 값으로 받은 백동화를 경상도에서는 쓰지 못하는 형편이니 사람들이 백동화를 꺼리는 것은 당연했다.

사람들은 오히려 어디서나 사용할 수 있는 일본 화폐를 더 좋아했다. 화폐를 하나로 통합하고 가치를 다시 정하는 화폐 개혁이 필요했지만 대한 제국 정부는 당장 필요한 돈을 마련하는 데에만 급급했다.

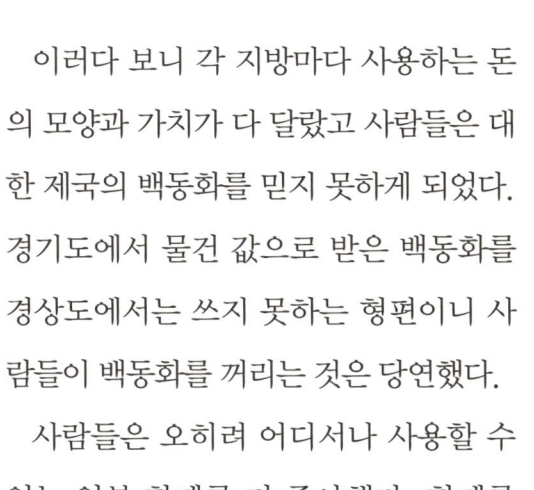

새로운 교육, 새로운 사람을 만들다

태극기 들고 애국가 부르며

1899년 가을, 흥인지문 옆 훈련원 운동장에서는 대규모 운동회가 열렸다. 정부를 대표해 축사를 하러 나온 관리의 개회 선언에 따라 경기가 차례로 이어졌다. 훈련원 대청 위에는 커다란 태극기가 펄럭이고 있었고, 태극기 양편으로는 대한 제국과 외교 관계를 수립한 동서양 각국의 국기가 줄지어 매달렸다. 각국 공사관의 초대 손님들은 열을 맞춰 놓은 의자에 앉아 경기를 구경했고, 3000명 정도 되는 사람들이 관중석에 앉아 각 경기를 눈여겨보았다. 남녀 좌석을 구분해 놓은 관중석이었지만, 신분 구분은 하지 않아서 지난날의 양반과 평민들이 섞여 앉았다.

"자, 여러분, 이제 무관 학교 학생들의 체조 시범이 있겠습니다. 얼마 전 황제 폐하 앞에서 체조를 시연했는데, 황제 폐하께서 크게 기뻐하시며 상까지 내리셨다고 합니다."

순간 관중석이 물을 끼얹은 듯 조용해졌다. 서른 명 정도 되는 건장한

체구의 청년들이 나와 한 치의 흐트러짐 없이 줄을 서더니, 대표의 구령에 맞추어 체조를 시작했다.

"하나, 둘, 하나, 둘."

서른 명의 청년들이 팔과 다리를 절도 있게 움직이는데, 한 사람도 틀림이 없었다. 무관 학교 학생들은 이 시범을 보이기 위해 석 달 동안 하루도 빠짐없이 방과 후 시간을 모두 바쳤다. 황제는 책상물림 샌님들이 나라를 위태롭게 했다며, 강한 나라를 만들기 위해서 모든 학생에게 체조를 가르치라고 했다. 그 뒤 대부분의 학교에선 체조를 교육 과정으로 삼아 가르쳤다.

체조가 끝나자 철구(철로 만든 공) 던지기, 100보 경주, 200보 경주, 멀리뛰기, 높이뛰기, 씨름 등이 운동장 곳곳에서 벌어졌다. 대포알 던지기와 모의 전쟁이 단연 인기가 높았다. 양편으로 갈려 서로의 깃발을 빼앗기 위해 맞붙어 싸우는 모의 전쟁을 보며 사람들은 손에 땀을 쥐었다. 일본과 러시아, 중국의 침략이 심해지고 있던 당시에 모의 전쟁은 대한 제국의

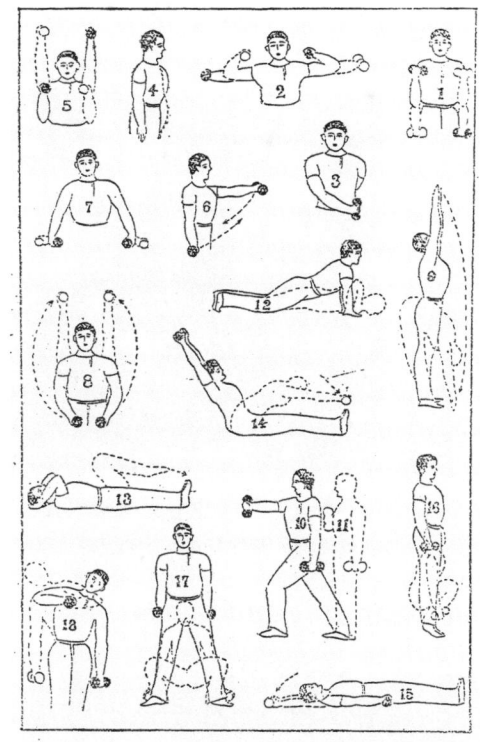

《체조 교본》
고종은 대한 제국의 위기를 이겨 낼 강건한 인재 양성을 위해 학교에서 체조를 가르치도록 했다.

대한 제국 시대에 열린 운동회 모습
다 함께 체육 활동을 하며 단결심과 애국심을 기른다는 취지로, 다양한 운동회가 자주 열렸다.

 힘을 확인시켜 주는 자리이기도 했다. 두 편으로 갈린 사람들은 선수들 못지않게 흥분하고 소리 지르며 응원에 빠져들었다. 사람들은 선수들의 경기를 보며 대한 제국의 미래가 찬란하기를 염원했다. 감격에 겨워 눈물을 흘리는 사람도 있었다. 모의 전쟁에서 승리한 팀은 마치 일본군을 이긴 의병처럼 의기양양했다.

 예정되었던 순서가 모두 끝나자 그날 참가했던 선수들이 운동장으로 나왔고, 관중석의 사람들도 자리에서 일어났다. 황실에서 파견된 악단이 애국가를 연주하기 시작했고, 사람들은 자리에서 일어나 노래를 불렀다.

 그 자리에선 양반과 상놈이 따로 없었고, 남자와 여자를 구별하지 않았으니, 모두 똑같은 대한 제국의 국민일 따름이었다. 운동회가 끝나자 사람들은 대한 제국의 힘과 미래를 가슴에 품고 각자의 집으로 돌아갔다.

교육은 나라를 지키는 길

미국과 외교 관계를 맺을 때 영어를 할 줄 아는 사람이 없어 청나라 관리가 통역을 맡았고, 이듬해 미국에 사절단을 파견할 때도 미국, 중국, 일본 사람이 통역을 맡았다. 나라의 이익을 위한 조약을 맺을 때 다른 나라의 통역관에게 의지해야 하는 부끄럽고 황당한 일이 일어난 것이다.

문제점을 알게 된 조선은 부랴부랴 외국인 교사를 데려다가 외국어 학교의 문을 열었다. 이것이 조선이 세운 최초의 근대식 학교였다.

갑오개혁이 시작되면서부터 고종은 특히 교육에 많은 관심을 보였다. 고종이 원하는 교육을 시행해 인재를 기르려면, 이전까지 이어져 내려왔던 서당 교육으로는 불가능했다. 이제 국가가 적극적으로 나서서 필요한 인재를 길러 내야 했다. 정부에 학교 교육을 담당하는 부서를 만들고, 여러 가지 법을 만들어 학교를 세웠다.

서당 교육을 대신할 소학교를 만들어 많은 사람이 교육의 혜택을 받게 했는데, 나라에서 교육 과목과 운영 방법을 정해 주었다. 소학교에서는 8세부터 15세까지의 학생들을 5학년제로 가르쳤다. 남자는 물론이고 여자도 입학할 수 있었고, 강의뿐만 아니라 토론과 연설로도 수업을 진행해 다양한 지식을 가르쳤다.

소학교에서는 독서와 쓰기, 외국어와 과학, 기술, 지리, 역사 등을 가르쳤다. 나라가 위태로운 시기였으므로 조선의 역사와 지리, 한글 교육에 더욱 중점을 두었다.

연개소문, 을지문덕, 강감찬, 이순신 등 나라를 구한 영웅 이야기도 학생들에게 좋은 교재가 되었다. 학생이 새 시대를 이끌 젊은 영웅이 되어야 했기 때문이다. 신체를 발달시키는 데 안성맞춤인 체조도 교육 과정의 하나였다.

초등학교를 졸업하면 7년제인 중등학교로 진학할 수 있었는데, 의학이나 외국어를 가르치는 학교와 교사를 양성하는 사범 학교, 기술을 가르치

배재 학당
1885년 선교사 아펜젤러에 의해 설립된 근대식 중등 교육 기관으로, 연설회·토론회 등을 열고 사상과 체육 훈련에 힘을 쏟았다.

는 농상공 학교 등이 있었다. 양잠과 공업 기술을 연마하기 위해 실습소도 세웠다.

기술을 배운 기술자들은 나라에서 투자해 세운 회사와 공장에 취직할 수 있었다. 서양 여러 나라와 조약을 맺자 대한 제국은 영어를 잘하는 사람들에게 높은 관직을 주었다. 그러자 선교사들이 세운 학교가 인기를 끌기 시작했다. 이들은 통역도 두지 않고 과학, 산술, 작문 등 모든 과목을 영어로 가르쳤다.

학생들이 늘자 학교의 모습이 갖춰졌는데, 학기와 시험, 방학 등을 정하고 기숙사도 지었다. 규율도 엄격해져서 학교 안에서라도 법을 어기면 사법 당국에 넘겼다. 학교 출입을 제멋대로 하면 벌하고, 술과 노름을 금지했다. 시험은 1년에 두 번 보고 성적표는 학부모나 후원자에게 보냈다. 등하교 시간은 반드시 지키고 수업 시작과 끝에는 종을 울렸다.

종교에 대한 학생들의 거부감이 점차 누그러들자 행사 전후에 예배와 기도도 올렸고, 성경으로 수업도 진행했다. 배재 학당을 후원하던 대한 제국은 기독교의 전파도 막지 않았다. 독립문 정초식이나 개국 기원절 같은 큰 행사에서 아펜젤러가 대표로 기도를 올리기도 했다.

나라의 미래를 걱정하는 사람들은 스스로 재산을 내어 사립 학교를 세웠다. 무력을 앞세운 외국 열강의 위협에 맞서 애국적인 학생을 길러 내는 것이 목표였기 때문에 주로 조선의 역사와 지리를 많이 가르쳤고, 독립 의식과 민족 의식을 심어 주는 교육을 실시했다. 이들은 후에 일본에 맞서 민족 운동을 이끌었다.

문화재를 찾아서

정동길을 걷다, 1900년 vs 2015년

1900년 ○○월 ○○일

주일이라 아침 일찍 기숙사를 나서 예배를 드리러 정동교회에 갔다. 공부에 쫓겨 늘 시간이 없는 나에게는 유일하게 바깥바람을 쐴 수 있는 날이다. 예배 후엔 스크랜튼 부인과 함께 손탁 호텔 커피숍에서 이야기를 나눴다. 내가 '언년'이란 이름을 싫어한다는 걸 알고 있는 부인은 나를 '마리아'라 불러 주신다.

"마리아, 미국에 가서 의학을 공부하는 게 어떻겠어요? 필요한 경비는 그쪽 후원자가 대 줄 수 있다는군요."

그 말을 듣는 순간, 가슴이 두근거리기 시작했다. 얼마나 바라던 기회인가. 요즘 집안 형편이 더욱 어려워져 3년 동안 이 악물고 공부한 것이 다 물거품이 되어 버릴 것 같아 하루하루가 괴로웠는데, 유학이라니! 내 인생에 한 줄기 빛이 내리쬐는 듯했다.

"선생님, 그렇게만 된다면, 제 모든 것을 바쳐 공부하겠어요."

"좋습니다. 내가 곧 일을 추진할게요. 마리아는 유학 준비를 시작해요."

그길로 부인과 헤어진 나는 구름 위를 노닐 듯 걸었다. 주일마다 동무들과 이 길을 걸으며 앞으로 나라를 위해 일하는 사람이 되자 다짐하고 다짐했었다.

오른쪽으로 정동에서 가장 높은 건물인 아관(러시아 공사관)의 흰 탑이 보인다. 언제 보아도 아름다운 르네상스식 건물이다. 황제께서 아관으로 파천하셨을 때, 제발 돌아오시길 바라며 건물 앞에 엎드려 빌던 생각이 난다.

조금 더 가면 수옥헌(나중에 중명전으로 이름이 바뀜)이 있다. 클래식 연주 소리가 흘러나오는 걸 보니, 오늘도 외국 공사들의 모임이 있는 모양이다. 경비도 삼엄하다. 골목길을 돌아 나오니 '이화 학당' 네 글자가 보인다. 3년 전, 부모님의 만류도 뿌리치고 입학한 학교였다. 이제 온 힘을 다해 공부해 얼마 전 미국에서 의학 박사 학위를 받은 박에스더 선생님처럼 훌륭한 의사가 될 것이다.

배재 학당에서 교복을 입은 한 무리의 남학생이 쏟아져 나왔다. 깜짝 놀라 길 옆으로 비켜섰다. 정동의 하늘빛이 찬란하다.

2015년 ○○월 ○○일

바야흐로 가을에 접어드는 듯하다. 수업이 끝난 뒤, 스파게티를 먹고 정동으로 산책을 나섰다. 가을이면 더욱 분위기가 있는 정동 길이 나는 정말 좋다. 바람이 부니 500년 된 나무가 쏴~아~ 소리를 낸다.

"야, 이 나무는 조선 시대부터 쭈~욱 우리나라 역사를 지켜 본 거다. 그치?"

"그러게. 이화 학당 학생들도 우리처럼 이렇게 정동 길을 걸으며 이야기를 나눴을까?"

친구와 이런저런 얘기를 나누며 걷다 보니 3층짜리 흰 탑이 보인다. 옛날에 고종이 일본을 피해 잠시 머물렀던 러시아 공사관 건물의 잔해이다. 우리가 여유롭게 걷는 이 길을 고종은 마음 졸이며 지났겠지?

조금 떨어진 곳에 있는 중명전은 을사조약이 이뤄졌던 곳이다. 외세에 이리저리 흔들리던 100년 전 우리나라를 생각하니 조금 우울해진다. 이렇게 아름답기만 한 정동에 슬픈 역사가 흐른다.

우리가 다니는 이화여고 앞을 지나니 핫초콜릿을 파는 가게가 있어 얼른 두 잔을 샀다. 그리고 나서 정동교회를 지나 배재 공원으로 갔다. 선경이 남자친구는 배재고에 다닌다.

아펜젤러의 흉상 앞 벤치에서 잠시 앉아 쉬다가 시립 미술관 쪽으로 향했다. 전시실을 둘러보고 나니 다리가 아프다. 고등학교 3학년 학생이 공부는 안 하고 이렇게 돌아다닌다고 하면 모두 정신 나갔다고 하겠지? 하지만 오히려 힘이

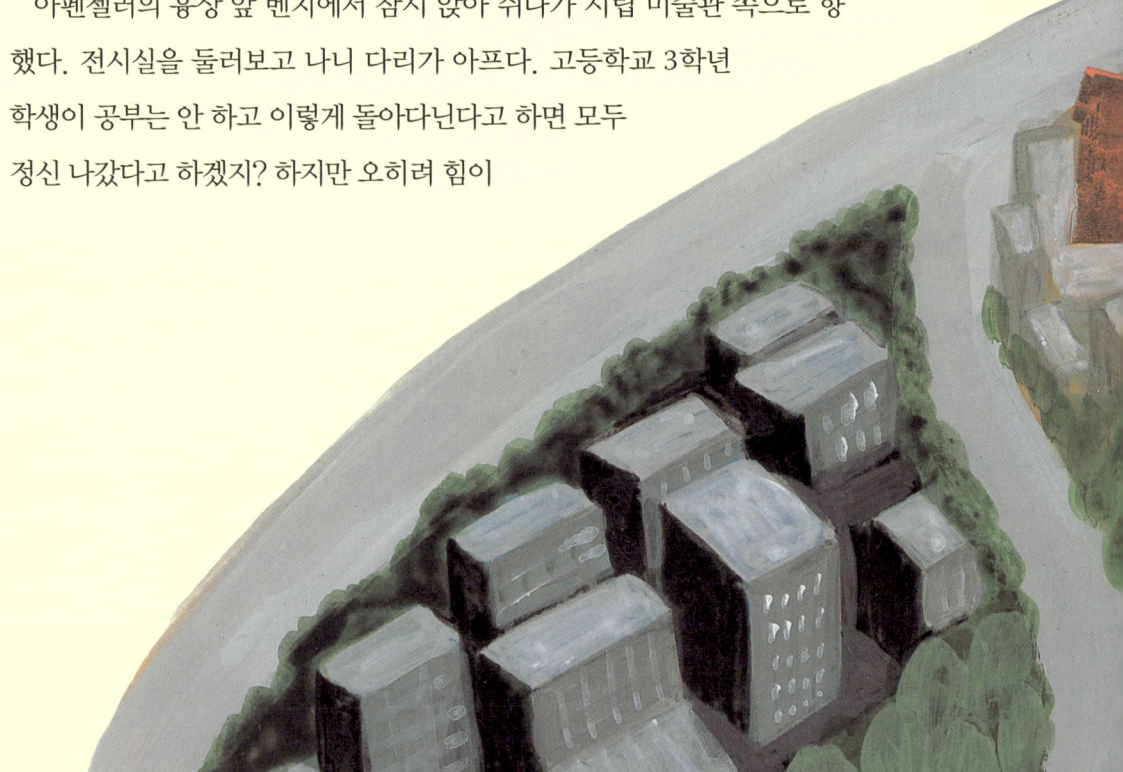

충전된 것 같아 기분은 좋다.

"난 20년 후쯤에 세계를 주름잡는 의사가 되어 있을 거다. 그땐 나 보기 힘들 테니깐 사진이나 많이 찍어 둬."

"됐거든! 너나 나 보고 싶으면 내 갤러리가 있는 파리로 찾아와."

선경이와 나는 서로 마주 보고 깔깔 웃었다.

그래, 우리 나중에, 당당한 여인이 되어 다시 만나자!

우리의 꿈이 파란 하늘 위로 날아오른다.

연표

우리나라

1863년 고종이 왕위에 오르고 대원군이 집권하다.
1864년 대원군이 서원을 없애기 시작하다.
1866년 대원군의 지시로 서양 선교사 9명을 처형하다.
병인양요가 일어나다.
병인박해로 전국의 천주교도 8000여 명이 처형되다.
당백전을 만들다.
1868년 경복궁 중건을 완공하다.

1871년 서원을 47개만 남기고 모두 없애다.
양반도 군포를 내게 하다.
신미양요가 일어나다.
전국에 척화비를 세우다.
1873년 고종이 친정을 시작하다.
1875년 운요 호 사건이 일어나다.
1876년 강화도 조약을 맺다.
수신사 김기수를 일본에 파견하다.

다른 나라

1860년 청, 영국의 침략을 받아 베이징 조약을 맺다.
1861년 미국에서 남북 전쟁이 시작되다.
청에서 양무 운동이 시작되다.
1863년 미국 정부가 노예 해방을 선언하다.
1866년 독일 통일을 둘러싸고 프로이센과 오스트리아가 전쟁을 벌이다.
1868년 일본, 메이지 유신을 실시하다.
1870년 프로이센과 프랑스가 전쟁을 벌이다.
1876년 영국이 인도를 직접 지배하다.

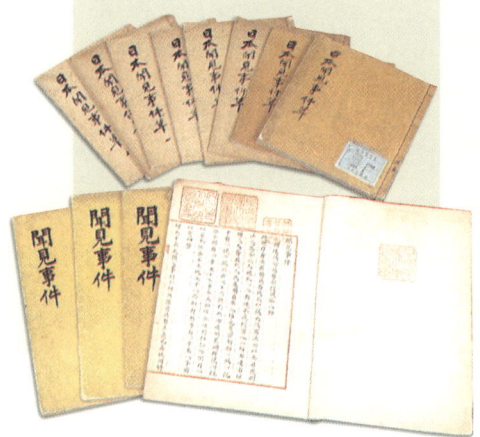

1879년	지석영이 종두법을 시행하다.	
1880년	수신사 김홍집을 일본에 파견하다.	

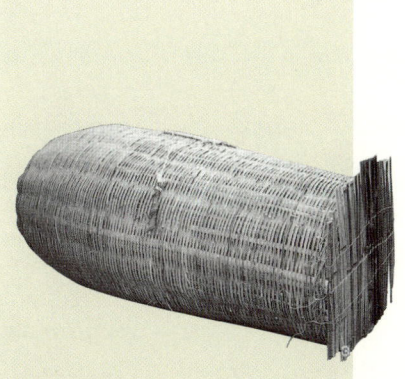

1881년	조사 시찰단을 일본에 파견하다.	
	영선사를 청나라에 파견하다.	
	별기군을 만들다.	
1882년	임오군란이 일어나다.	1879년
	청나라 군대가 조선에 들어오다.	에디슨이 전등을 발명하다.
1883년	기기창을 세우다.	1882년
	《한성순보》를 창간하다.	독일, 오스트리아, 이탈리아가
	미국에 보빙사를 파견하다.	삼국 동맹을 맺다.
	미국·영국·독일과 조약을 맺다.	1885년
1884년	갑신정변이 일어나다.	서구 열강이 아프리카를 나눠
1885년	제중원이 문을 열다.	점령하다.
1886년	육영 공원이 문을 열다.	1887년
	배재 학당과 이화 학당이 설립되다.	프랑스가 인도차이나 반도를 식민지로 삼다.
1894년	동학 농민 운동이 일어나다.	1894년
	청군과 일본군이 한양에 들어오다.	청과 일본이 전쟁을 벌이다.
	전주에서 정부군과 농민군이 화해 약조를 맺다.	
	일본이 경복궁을 점령하다.	
	동학 농민군이 다시 봉기하다.	
	신분제가 폐지되다.	

1895년	함경도에서 방곡령이 실시되다.
전봉준이 처형되다.
명성 황후가 시해되다.
단발령을 시행하다.
유인석이 의병을 일으키다.
전국 각지에서 의병이 일어나다.
유길준이 세계 일주를 마치고
《서유견문》을 쓰다.
최초로 전화가 개통되다.

1896년	고종이 러시아 공사관으로 피신하다.
《독립신문》을 창간하다.	1896년	그리스에서 제1회 올림픽이 열리다.
1897년	고종이 경운궁으로 돌아오다.
독립문을 세우다.
대한 제국을 세우고 고종이
황제가 되다.
한성 전기 회사가 설립되다.	1898년	프랑스와 영국이 아프리카
파쇼다에서 전쟁을 벌이다.
퀴리 부인이 라듐을 발견하다.
1898년	최초의 만민 공동회가 열리다.		
1899년	대한국 국제가 선포되다.
경운궁에서 홍릉까지 전차가
개통되다.
노량진에서 제물포까지 철도가
개통되다.
훈련원에서 운동회가 열리다.	1899년	청에서 변법 자강 운동이 시작되다.

사진 자료 제공

강화역사박물관
빼앗긴 수자기(28쪽)

《거대한 감옥, 식민지에 살다》
《김옥균 총살 사건》(69쪽), 〈평양대격전도〉(86쪽)

국립민속박물관
당백전(15쪽), 백동화(137쪽)

국립중앙도서관
〈강화부 궁전도〉에 그려진 외규장각(25쪽),
《한성순보》(51쪽)

국립중앙박물관
《정순 왕후 가례도감 의궤》(25쪽)

권태균
우정총국(64쪽)

독립기념관
척화비(29쪽), 사발통문(79쪽), 《독립신문》(115쪽)

문화재청
정족산성(23쪽), 양헌수 장군 승전비(23쪽)

박미애
사발통문(79쪽)

서울대학교 규장각 한국학연구원
흥선 대원군 친필(13쪽)

서울역사박물관
흥선 대원군(12쪽)

《사진으로 보는 한국 100년사》
콜로라도 호(26쪽), 신헌(34쪽), 김홍집(43쪽),
별기군(49쪽), 김개남(80쪽)

숭실대학교 한국기독교박물관
단발 지령문(97쪽)

이화여자대학교 박물관
군국기무처(91쪽)

《일제 침략 아래에서의 서울》
조선호텔(118쪽), 경성 우편국 전보 취급소(134쪽)

정미영
광성보 용두돈대(27쪽)

《학교의 탄생》
《체조 교본》(139쪽)

《한국 근현대사》
박래품(74쪽)

한국문화홍보센터
검거된 전봉준(89쪽)

한국전력 전기박물관
최초의 전깃불(129쪽)

• 저작권자를 찾지 못해 게재 허락을 받지 못한 일부 사진에 대해서는 저작권자가 확인되는 대로 허락을 받고 사용료를
지불하도록 하겠습니다.

찾아보기

ㄱ

갑신정변·55, 65, 111, 131
갑오개혁·92, 124, 141
강화도 조약·36, 40, 70
개화파·49, 62, 96, 100
경복궁·14, 16, 85
경운궁·115, 126
경인 철도 회사·130
고종·29, 64, 100, 122
관민 공동회·120
광성보·24, 26, 27
구로다 기요타카·33, 35
군국기무처·90
기기창·48
김개남·78, 80, 87
김기수·42
김옥균·52, 62, 112
김윤식·48, 90
김홍륙·133
김홍집·42, 85, 100, 112

ㄷ

단발령·96, 100, 102
당백전·15
대한 제국·116, 122, 140
대한국 국제·124

덕진진·24
독립 협회·113, 119, 123
독립문·111, 114
《독립신문》·112, 114, 118
동학·76, 92, 88
두모포·70, 72

ㄹ

랴오둥 반도·94
러시아 공사관·100, 120
로제타 셔우드·105

ㅁ

만민 공동회·119, 122, 123
만석보·77
메이지 유신·117
명성 황후·95, 132
모스 회사·130
민겸호·58, 60
민영익·63, 64, 131

ㅂ

박규수·53, 54
박에스더·104, 106, 145
박영효·50, 63, 92, 112
배재 학당·110, 132, 145

백동화·136
베베르·94, 102
별기군·49, 50, 58
병인양요·24
비변사·14

ㅅ

사발통문·79
새보·116
서광범·52, 63, 67
서재필·63, 107, 111, 121
선혜청·58
셔우드 홀·107
손화중·78, 80, 84, 87
수신사·42, 50, 52
순조·12
신헌·33, 35

ㅇ

아관 파천·101, 115, 132
아펜젤러·105, 110, 143
알렌·131
양헌수·22, 23
어윤중·51
어재연·24, 27
연무당·33

152

영선사 · 48, 52
영은문 · 111
오경석 · 53, 55
5군영 · 49
외규장각 · 24, 25
우금치 · 87
우정국 · 64
운동회 · 138
운요 호 · 30, 33
운현궁 · 59
원구단 · 116
원납전 · 15
위안스카이 · 62
유길준 · 95, 101
유대치 · 53, 55
유인석 · 98
윤치호 · 121
을미 개혁 · 96
을미사변 · 116
이범진 · 94, 100, 102
이상재 · 115, 121
이소응 · 98
이승만 · 115, 123
이완용 · 94, 100, 101
이하응 · 12, 13
이항로 · 98

이화 학당 · 105, 110, 145
임오군란 · 60, 82

ㅈ
장태 · 81
전봉준 · 75, 80, 87, 89
절두산 · 19
정병하 · 95
정족산성 · 22, 23
제중원 · 131
조 · 일 수호 조규 · 36
조병갑 · 75
조사 시찰단 · 47, 48, 52
《조선책략》· 43, 46
집강소 · 82, 84

ㅊ
척화비 · 28, 29
천주교 · 16, 18
철종 · 12, 13
청 · 일 전쟁 · 90, 94
최익현 · 28, 40
최정식 · 123
충의계 · 52, 53
충주성 · 98
치외 법권 · 38, 73

ㅋ
콜브란 · 135
크리스마스실 · 107

ㅌ
통리기무아문 · 49

ㅍ
폐정 개혁안 · 83
필립 제이슨 · 111, 112

ㅎ
한성 전기 회사 · 127, 135
《한성순보》· 50, 51
한치화 · 70, 72
허위 · 98
헌종 · 12
호포제 · 16
홍범 14조 · 93
홍영식 · 51, 63, 67
홍종우 · 68, 118
황국 협회 · 122, 123
황쭌셴 · 43
황토현 · 79, 80
훈련도감 · 20
흥선 대원군 · 12, 28, 61

제대로 한국사 8 조선이 품은 근대 국가의 꿈

1판 1쇄 발행일 2009년 9월 7일
개정판 1쇄 발행일 2015년 10월 26일
개정2판 4쇄 발행일 2024년 4월 22일

지은이 전국역사교사모임

발행인 김학원
발행처 휴먼어린이
출판등록 제313-2006-000161호(2006년 7월 31일)
주소 (03991) 서울시 마포구 동교로23길 76(연남동)
전화 02-335-4422 **팩스** 02-334-3427
저자·독자 서비스 humanist@humanistbooks.com
홈페이지 www.humanistbooks.com
유튜브 youtube.com/user/humanistma **포스트** post.naver.com/hmcv
페이스북 facebook.com/hmcv2001 **인스타그램** @human_kids

편집 박민영 **디자인** 유주현 고문화 AGI **일러스트** 민은정 박미애
용지 화인페이퍼 **인쇄** 청아디앤피 **제본** 민성사

글 ⓒ 전국역사교사모임, 2009
ISBN 978-89-6591-413-6 74910
ISBN 978-89-6591-405-1 74910(세트)

- 이 책은 《행복한 한국사 초등학교 8》의 개정판입니다.
- 이 책은 저작권법에 따라 보호받는 저작물이므로 무단 전재와 무단 복제를 금합니다.
- 이 책의 전부 또는 일부를 이용하려면 반드시 저작권자와 휴먼어린이 출판사의 동의를 받아야 합니다.
- **사용 연령 8세 이상** 종이에 베이거나 긁히지 않도록 조심하세요. 책 모서리가 날카로우니 던지거나 떨어뜨리지 마세요.

선생님들이 가장 많이 추천한 이보다 좋을 수 없는 최고의 한국사!

이렇게 재미있는 역사책이 있었던가? 꼭 있어야 할, 그리고 꼭 있었으면 하는 내용과 자료가 들어 있는 알찬 구성 덕분에 부모와 교사도 아이와 함께 읽으면 좋다. 흥미진진하고 역사 고증에도 충실한, 말 그대로 이보다 좋을 수 없는 한국사 교양서이다.

– 김성전 서울수리초등학교 교사

《제대로 한국사》는 재미있고 풍성하다. 무엇보다 생동감이 있어서 마치 영화를 보고 있는 듯한 착각에 빠져든다. 인물, 사건, 제도가 아니라 조상들의 지혜, 용기, 희망 등을 전하고자 하는 역사 선생님들의 노력이 느껴진다. 역사를 왜 공부해야 하는지, 역사가 미래에 어떤 도움이 될지 잘 알려 주는 책이다.

– 이강무 서울인창중학교 교사

5학년 사회 수업 보조 교재로 꼭 안성맞춤인 역사책이다. 한국사를 이해하는 데 꼭 필요한 내용만 엄선해 쉽게 썼다. 교과서의 흐름에 맞춘 탄탄한 내용 구성은 아이들이 역사를 이해하는 데 도움을 주고, 여러 인물의 이야기는 아이들이 역사에 더 가깝게 다가가도록 돕는다.

– 김형도 광주새별초등학교 교사

"역사를 잊은 민족에게 내일은 없다." 아이들에게 역사를 제대로 가르쳐야 하는 까닭도 바로 여기에 있다고 생각한다. 교과서만으로는 우리 역사를 깊이 알기 어렵다. '제대로 된' 역사책으로 우리 아이들에게 역사를 알아 가는 기쁨을 주고 싶다.

– 진현 화성제암초등학교 교사

《제대로 한국사》는 오랫동안 학생들을 가르쳐 온 역사 선생님들이 아이들의 눈높이에 맞춰 흥미로운 이야기로 역사를 들려준다. 아이들이 역사 속으로 푹 빠져 재미있게 읽으면서 동시에 역사 공부도 할 수 있는 멋진 책이다.

– 최운 남양주판곡초등학교 교사

흥미진진한 자기 주도 역사책. 사료에 기반한 역사적 사실들이 생동감 있게 아이들의 눈앞에 펼쳐진다. 교과서의 어려운 용어와 개념보다 생생한 과거 '사람들의 이야기'가 되살아난다. 아이들이 고개를 끄덕이며 쉽게 읽을 수 있는 진정한 드라마다.
― **맹수용** 의정부중학교 교사

어려운 역사적 용어와 개념을 딱딱한 단어들 앞에 묶어 두지 않고 백성들의 소리로 전달했다. 아이들이 술술 읽으면서 옛사람들이 살았던 시대와 삶을 생생하게 경험해 볼 수 있는 책이다. 이 책에는 아이들이 가진 역사에 대한 거부감의 원인이 무엇인지 알고, 그것을 해결하려 고민한 흔적이 여실히 드러나 있다.
― **나해린** 양주고등학교 교사

교과서 속 인물들이 책에서 빠져나와 살아 움직이며 활기 넘치는 모습으로 이야기를 전해 준다. 역사가 재미없는 과거 사실의 나열이 아니라, 나와 같은 사람들이 울고 웃으며 생활했던 모습이 담겨 있는 옛날이야기라는 것을 보여 준다.
― **손언희** 김해삼성초등학교 교사

굵직한 역사적 사건들을 작은 역사적 사실과 연결해 역사를 쉽게 만나게 한다. 역사책은 딱딱하다는 고정 관념을 버릴 수 있게 한 구성이 마음에 든다. 역사를 처음 만나는 아이들에게는 눈높이 역사 교과서이고, 학부모에게는 흥미진진한 역사 교양 안내서이다.
― **김동국** 부산정관초등학교 교사

내 친구들의 이야기, 내 이웃의 이야기를 읽는 것 같아 친근하다. 그러면서도 주변 사람과의 관계를 생각하게 하고, 사회와 나의 관계, 더 나아가 세계 속의 나를 생각해 볼 수 있게 하는 책이다. 한 편의 이야기를 읽듯 쉽고 재미있다.
― **배병록** 서천초등학교 교사